국민 화가 박수근에게 배우는

창조적
열정

국민 화가 박수근에게 배우는 창조적 열정

글·기획 고정욱 **그림** 박영미 홍종모

초판 1쇄 발행 2008년 10월 15일

펴낸곳 뜨인돌어린이 **펴낸이** 박미숙
마케팅책임 김완중 **제작책임** 정광진 **편집장** 인영아
책임편집 이슬아 **기획편집팀** 이경화 이윤화 이경숙 신혜연 장은선 **디자인팀** 김세라 오경화
마케팅팀 이학수 오상욱 엄경자 최인수 **총무팀** 김용만 고은정

사진제공 현대갤러리, 박수근미술관
필름출력 공간 **인쇄** 대신문화사 **제책** 시아북바인딩

신고번호 제313-2008-131호 **신고년월일** 2005년 8월 5일
주소 121-840 서울시 마포구 서교동 396-22(솔내1길 16) 2층
대표전화 (02)337-0212 **팩스** (02)337-0232 **주문전화** (02)337-5252
뜨인돌 홈페이지 www.ddstone.com **노빈손 홈페이지** www.nobinson.com

ⓒ 2008 고정욱

ISBN 978-89-92130-96-7 73810
책값은 뒤표지에 있습니다.

국민 화가 **박수근**에게 배우는
창조적
열정

고정욱 글 박영미 그림

뜨인돌어린이

글쓴이의 말

창조적 열정은
새로운 세상을 여는 힘입니다

　어려서부터 나는 그림 그리는 것을 좋아했습니다. 대부분의 사람들은 내가 작가니까 글을 잘 썼을 거라 생각합니다.

　하지만 내가 소질이 있었던 건 그림이었습니다. 초등학교 시절부터 만화를 재미 삼아 그렸고, 고등학교 때는 교지에 넣을 선생님들의 캐리커처를 그리기도 했으며, 대학교 때는 학교 신문에 만화를 그려 연재하기도 했습니다.

　만화를 본격적으로 그리면서 한꺼번에 여러 컷을 그려야 했기 때문에 다른 그림들을 보고 아이디어를 얻곤 했습니다. 그때 참고로 했던 것 중에 『도안과 컷 사전』이라는 책이 있었습니다. 다양한 컷들을 모아 놓은 그 책에는 넋 놓고 길가에 앉아 있는 아낙네와 사내들의 모습이 들어 있었습니다. 수많은 그림들 가운데서 유독 그런 컷에 눈길이 가던 이유를 그때는 알지 못했습니다. 나중에서야 그 컷들이 바로 박수근이라는 화가가 그린 것임을 알게 되었습니다.

　평생을 가난하게 살며 그림만 그린 화가 박수근. 요즘 그의 작품은 우리나라 그림 시장에서 최고의 가격을 기록하고 있습니다. 중요한 건 그림의 가격이 아니라 그의 예술혼이 인정을 받았다는 것입니다.

위대한 예술가는 어떤 사람일까요? 바로 지금까지 해 오던 것을 깨고 새로운 분야에 도전해 업적을 남긴 사람입니다. 박수근이 바로 그런 사람이었기에 오늘날 인정을 받는 것입니다.

박수근은 평평한 캔버스에 우리네 삶을 돌에 새긴 듯한 질감으로 표현했습니다. 그 누구도 그런 독특한 방법을 가르쳐 준 적이 없었습니다. 스스로 새로운 세계에 도전해 이룬 결과입니다.

그의 그림을 가만히 들여다보노라면 우리에게 이야기를 건네는 것을 느낄 수 있습니다. 가난하고 힘들었던 시절, 하루하루 살기 위해 최선을 다하면서도 마음만은 여유롭고 너그러웠던 시절의 이야기가 그 안에 들어 있습니다. 그것이 박수근이 열정을 불태워 이루어 낸 착한 사람들의 세상입니다. 우리는 그의 그림을 보며 마음의 평안을 얻고 겸손해집니다.

평생 외롭게 혼자만의 길을 걸었던 박수근의 도전은 세월이 흐른 지금 수십 배의 감동으로 전해지고 있습니다. '국민 화가'라 일컬을 수 있을 만큼 우리 민족의 삶과 정신을 예술로 담아낸 위대한 화가 박수근, 지금부터 그를 만나러 갑니다. 많은 어린이들이 박수근 화가와의 만남을 통해 '창조적 열정'이 무엇인지 깨닫고, 그 열정을 바탕으로 실천하는 삶을 살아가길 바랍니다.

2008년 가을
강원도 양구 박수근미술관 뜰에서
고정욱

차례

열정이 빛을 발하던 날 _ 8
창조적 열정의 실천 방법 ❶ 목표를 정해 하루도 쉬지 않고 노력한다

소년이여, 꿈을 꾸어라 _ 24
창조적 열정의 실천 방법 ❷ 나의 역할 모델을 찾아 본받으려 애쓴다

봄이 오다 _ 42
창조적 열정의 실천 방법 ❸ 재능을 발견하고 시련을 극복한다

맷돌질하는 여인 _ 62
창조적 열정의 실천 방법 ❹ 선택과 집중을 한다

전쟁의 고통 속에서 _ 80
창조적 열정의 실천 방법 ❺ 나를 아끼고 소중히 생각한다

이웃을 사랑한 화가 _ 98
창조적 열정의 실천 방법 ❻ 나만이 할 수 있는 전문성을 갖는다

창조적 열정 _ 122
창조적 열정의 실천 방법 ❼ 양심과 신념을 지킨다

■ 박수근 연보 | 나무처럼 살다간 우리의 화가 _ 138
■ 박수근 마을 _ 142

 국민 화가 **박수근**에게 배우는 **창조적 열정**

열정이 빛을 발하던 날

〈빨래터〉는 여섯 명의 아낙네가 시냇가에 옹기종기 모여 빨래하는 모습을 그린 것으로 여러 색이 섞여 화사한 느낌을 주는 그림이었습니다. 20호 정도의 크기인 이 그림은 불과 한 달 전 25억 원에 팔린 그의 작품 〈시장의 사람들〉이 세운 기록을 깨 버린 거였습니다.

"사십오억 이천만 원 나왔습니다. 더 없습니까?"

"……."

서울 옥션 경매장 안은 조용했습니다. 경매장 안에 있던 사람들 중 누구도 그 엄청난 금액보다 값을 높게 부르지 못했습니다.

"낙찰되었습니다."

경매사는 작은 망치를 탁탁 때려 그림 한 점이 국내 미술품 경매 최고가를 기록했다는 사실을 선언했습니다.

그 순간 사람들은 모두 상기된 표정으로 박수를 쳤습니다. 뒷자리에 앉아 있던 기자들은 일제히 일어나 사진을 찍었습니다.

기록적인 가격에 판매된 그림은 바로 박수근의 1950년대 작품 〈빨래터〉였습니다. 〈빨래터〉는 여섯 명의 아낙네가 시냇가에 옹기종기 모여 빨래하는 모습을 그린 것으로 여러 색이 섞여 화사한 느낌을 주는 그림이었습니다. 20호 정도의 크기인 이 그림은 불과 한 달 전 25억 원에 팔린 그의 작품 〈시장의 사람들〉이 세운 기록을 깨 버린 거였습니다.

"저 그림을 경매에 내놓은 사람이 미국 사람이라며?"

"박수근 화백이 가난하던 시절에 그 사람이 물감도 사 주고 그랬대. 그래서 고마움의 표시로 준 거였다네."

"대박 났군."

"가난한 예술가를 도와준 따스한 마음씨가 보답을 받은 거지."

기자들은 한국 미술계에 커다란 획을 긋게 된 이 일을 기사로 쓰며 웅성거렸습니다.

박수근, 그는 어떤 화가이기에 그의 작품이 오늘날 45억 원이 넘는 금액으로 판매될 만큼 높은 가치로 인정받는 걸까요? 지금부터 그의 삶 속으로 가 보겠습니다.

동대문 밖 청계천은 공사하는 소리로 온통 시끄러웠습니다. 오랜 시간 서울 한복판을 가르고 서에서 동으로 흘렀던 마른 천 청계천은 비가 오면 물이 흐르지만 조금만 가물거나 날씨가 건조하면 금세 마르는 하천이었습니다. 언제부터인가 이 개천가에 가난한 사람들이 모여 살면서 물은 아주 썩어 버리고 말았습니다. 악취가 진동해 사람들은 코를 감싸 쥐고 그 부근을 지나가야 할 지경이었습니다.

그런 청계천을 덮어서 도로로 만드는 작업이 한창 진행되고 있었습니다. 수많은 인부들이 달라붙어 일을 하고 건설기계들이 개천 안에 기둥을 세우기 위해 땅을 팠습니다. 기둥이 완성되면 그 위에 콘크리트를 부어 개천 위를 덮을 것입니다. 청계천 4가, 5가는 이미 공

사가 끝나 차들이 다니고 있었습니다. 공사는 계속 서울 바깥쪽으로 이어졌습니다.

수업이 끝난 아이들은 집에 가지 않고 공사장 부근을 얼씬거리며 뛰어 놀았습니다. 그곳에 가면 못이나 나무토막을 주워 재미있게 놀 수 있었기 때문입니다.

"야, 나 철근 주웠다, 철근."

철근을 손에 쥔 민철이는 횡재한 표정이었습니다. 철근 한 토막이면 큰 가위를 쩔겅거리며 지나가는 엿장수 아저씨에게서 엿가락 하나를 바꿀 수 있기 때문입니다.

"야, 이따 엿 바꾸면 나 한 입만 줘."

"나도."

아이들은 민철이에게 달라붙어 잘 보이려 애썼습니다.

이렇게 가끔 횡재를 하니 공사장 주변에는 항상 아이들이 들끓을 수밖에 없었고, 자재가 없어지는 걸 막기 위해 공사장 감독은 늘 신경을 곤두세워야만 했습니다.

"이 녀석들, 저리 안 가니?"

공사장 부근에서 놀면서도 별로 주운 게 없는 몇몇 아이들은 노는 것도 시들해졌는지 집을 향해 터덜터덜 걸어갔습니다. 그중 성민이는 얼굴이 곱상하게 생긴 얌전한 아이였습니다.

"성민아, 너네 집은 어디냐?"

민철이가 철근을 손에 든 채 물었습니다.

"우리 집 바로 요기야."

"그래? 너네 집에 놀러가면 안 되냐?"

"우리 아빠 때문에 집에서 못 놀 텐데……."

성민이는 머뭇거리며 말했습니다.

"너희 아빠가 왜?"

"우리 아빠는 화가라서 늘 집에 계시거든."

아이들은 성민이 아버지가 화가라는 말에 갑자기 눈을 반짝였습니다. 그 동네 사는 아이들은 대부분 부모님이 가까운 창신동 시장에서 장사를 하거나 지게 지는 일을 하고 있었습니다. 그런 아이들에게 화가라는 직업은 신기하게 느껴질 수밖에 없었습니다.

"그럼 지금 그림 그리고 계셔?"

"응."

"와! 구경할 수 있어?"

"구경은 할 수 있지만……."

"그럼 가 보자, 가 봐."

말이 끝나기가 무섭게 아이들은 성민이네 집 앞으로 달려갔습니다.

성민이가 대문을 열자 아이들은 고개를 빼고 마당 안을 들여다보았습니다. 손바닥만 한 한옥 마당 가운데에 마루가 보였습니다. 크고 작은 그림이 가득한 마루에서 성민이 아버지는 왼손에는 팔레트, 오른손에는 붓을 들고 뭔가를 열심히 그리고 있었습니다.

"다녀왔습니다."

성민이가 인사를 하자 아버지는 미소로 대답했습니다. 성민이 아버지는 나이가 지긋해 보였습니다. 성민이가 막내아들이었기 때문입니다.

슬금슬금 서로 등을 떠밀며 들어간 아이들은 마당에 서서 그림을 구경했습니다.

"우아, 크다!"

아이들은 학교에서 조그만 스케치북에 그리던 수채화를 상상하다가 문짝만 한 커다란 그림을 보고 입을 다물지 못했습니다.

"근데 그림이 이상해."

"그래, 뭐 저런 그림이 있냐?"

그림을 살피던 아이들은 서로 수군댔습니다.

그 모습을 본 성민이 아버지가 말했습니다.

"아저씨 그림이 별로 예쁘진 않지?"

아이들은 속마음을 들킨 것 같아 서로 마주보고 킥킥대며 얼굴을 붉혔습니다.

"이 그림이 뭐 같아 보이니?"

성민이 아버지는 그림 하나를 가리키며 아이들에게 물었습니다.

"글쎄요, 뭘 그렸는지 잘 모르겠어요."

"하하, 그래? 자세히 보렴."
그러자 한 아이가 대답했습니다.
"돌멩이 같아요."
"돌멩이? 하하하!"

그리고 보니 집 안에 있는 그림들은 한 가지 색으로 칠한 게 아니라 여러 색을 덕지덕지 겹쳐 칠해서, 멀리서 보면 화강암에 그림을 그린 것 같았습니다.

"아저씨, 이 그림은 표면 느낌이 다른 그림들과 달라 보여요."

"응, 이것은 유화라서 그래."

주로 갈색과 어두운 색으로 칠해진 그림을 보며 아이들은 고개를 갸웃했습니다.

"너희한테는 익숙지 않은 그림일 거야."

"여기 있는 그림, 아저씨가 다 그리신 거예요?"

"그럼, 내가 다 그렸지."

"얼마 만에 그렸어요? 하루에요?"

"아냐, 저 그림은 삼 년째 그리고 있고, 이 그림은 이 년, 이 그림은 육 개월째……."

아저씨는 그림 그리는 데 걸린 시간을 말해 주었습니다. 학교에서 그저 한 시간 안에 쓱쓱 그려 본 적만 있는 아이들은 매우 놀랐습니다. 그림 하나 그리는 데 그렇게 많은 시간이 걸리는지 생각도 못해 봤기 때문입니다.

"와, 그렇게 오래요?"

"그럼."

그러더니 이번엔 나이프를 들고 그림을 마구 깎아 내기 시작했습니다.

"다 그린 그림을 왜 지우세요?"

"응, 깎아 내고 또 덧칠하고 그러면서 아저씨가 원하는 모양이 될 때까지 그리는 거야."

"음…… 한, 열 번 그리세요?"

"열 번? 하하하! 아마 수백 번 그릴걸?"

아저씨는 웃으며 말했지만 농담이 아닌 듯했습니다. 그림을 바라보는 아저씨의 강렬한 눈빛에서 느낄 수 있었습니다.

아이들은 그림 하나를 수백 번 그렸다가 깎아 내길 반복한다는 말에 더 이상 말을 할 수 없었습니다. 이 그림 저 그림을 옮겨 다니며 열정을 다해 작업하는 모습에 아이들은 압도되어 버렸습니다. 혼이 나간 듯 그림에 몰입해 있는 그 앞에서 뭐라 말할 수 없는 기운을 느꼈던 것입니다.

"그런데 아저씨는 왜 안경을 쓰셨어요? 눈이 나쁘세요?"

그림에 대해서는 더 이상 물어볼 게 없어지자 한 아이가 화제를 돌렸습니다.

"안경? 응, 눈이 잘 안 보여서."

그러자 성민이가 난처한 얼굴로 아이들의 입을 막았습니다.

"야, 그만해."

"괜찮다, 성민아. 얘들아, 아저씨는 한쪽 눈이 안 보여."

성민이가 곤란해하는 것을 눈치 챈 아저씨가 말했습니다.

"그럼 애, 애꾸잖아."

개구쟁이 민철이가 무심코 중얼거렸습니다.

"그래. 애꾸다, 애꾸. 아저씨는 백내장(수정체가 회백색으로 흐려져서 시력이 떨어지는 질병)이라는 병 때문에 한쪽 눈이 안 보여. 하지만 오른쪽 눈은 보이니까 이렇게 그림을 그린단다."

아이들은 눈도 잘 보이지 않으면서 정성 들여 그림을 그리는 아저씨의 열정이 대단하게 느껴졌습니다.

"야, 우리 그만 가자."

"그, 그래."

아이들은 그렇게 한참 그림 구경을 하더니 이내 싫증을 느꼈는지 곧 대문을 넘어 밖으로 우루루 몰려나갔습니다.

성민이가 방으로 숙제를 하러 들어가고 여전히 마루에 남아 그림을 그리는 사람은 다름 아닌 화가 박수근이었습니다. 그는 모처럼의 무료하던 오후 시간에 아이들이 찾아와서 그림에 관심을 보여 주니 다시금 생기가 도는 것 같았습니다.

이미 그때 그는 미술계에서는 이름이 제법 알려진 화가였습니다. 그해 12회 국전에 추천작가로 작품을 낼 정도로 이미 화가로서 재능을 인정받았던 것입니다.

그러나 그는 오랫동안 건강을 돌보지 않아 백내장을 앓고 한쪽 눈의 시력을 잃게 되었습니다. 그리하여 한쪽 눈만으로 그림을 그려야 했습니다. 하지만 그는 그림에 대한 열정으로 쉬지 않고 매일매일 하루도 빠짐없이 작업에 임했습니다.

좀 더 깊이 알아보기

박수근과 〈빨래터〉

박수근(朴壽根, 1914~1965) 아저씨는 이름 없고 가난한 서민의 삶을 소재로 인간의 선함과 진실함을 그리는 데 일생을 바친 화가입니다. 박수근 아저씨는 그림을 그릴 때 단순한 형태와 기법으로 대상의 본질을 잘 담아냈으며, 특히 서양화 기법인 유화로 우리의 민족 정서를 화강암과 같은 질감이 느껴지게 표현했습니다. 그리하여 이전에는 없던 독특한 작품 세계를 창조해 냈고, 한국 미술계에 길이 남을 위대한 업적을 이루어 냈습니다.

〈봄이 오다〉, 〈일하는 여인〉, 〈봄〉, 〈맷돌질하는 여인〉, 〈풍경〉, 〈빨래터〉 등 우리 민족의 일상적인 삶의 모습을 따뜻한 시선으로 그려 낸 박수근 아저씨는 소박한 아름다움을 표현한 서민 화가이자 20세기를 빛낸 가장 한국적인 화가입니다.

〈빨래터〉, 1950년대 후반, 유화, 32 × 72cm

〈빨래터〉는 개울가에서 빨래하는 여인들의 모습을 담은 유화입니다. 존 릭스 씨가 보관하고 있던 이 작품은 약 50년 만에 국내에 공개되었습니다. 이 그림은 박수근 아저씨의 기존 그림들과 달리 비교적 밝은 색을 띠고 있습니다. 그리하여 진품인지 아닌지를 가리는 논란이 벌어졌으며 진품이라고 판명되었지만 가짜라는 주장이 계속해서 제기되고 있습니다.

박수근이 들려주는
창조적 열정의 실천 방법 ❶

목표를 정해 하루도 쉬지 않고 노력한다

친구들, 안녕? 나는 박수근 아저씨란다.

나는 가난한 이웃과 진실된 삶을 화폭에 담아낸 20세기 초반의 화가야. 우리나라 미술계에서 그동안 아무도 하지 않았던 일을 시도한 나는 살아 있을 때보다 죽은 후에 더 인정받고 예술가로서도 존경받고 있단다.

나에게는 특별한 목표가 있었어. 그건 바로 서양화 기법인 유화로 한국적인 정서를 표현하겠다는 것이었지. 유화는 물감을 기름에 개어 그리는 서양화를 말하는데, 보통 천으로 된 캔버스에 그려. 그런데 나는 그 유화를 돌에 그린 것 같은 질감으로 그리고 싶었어. 그래서 여러 가지 방법을 시도하다 나만의 기법을 발견했단다. 그건 바로 여러 번 덧칠하는 방법이야. 이것은 정말 많은 시간과 노력이 들기 때문에 뜨거운 열정과 끈기와 인내를 가지고 노력해야 했지. 비록 제대로 된 화실도, 넉넉한 화구도 갖추지 못했지만 내겐 목표가 있었기에 쉴 수 없었어.

사람이 살아가면서 아무런 목적도 없이 되는 대로 살아간다면 그건 정말 의미 없는 삶일 거야. 목표를 세운다는 건 내 능력 위의 어느 지점에 도전한다는 것이고, 끊임없이 도전하는 자세는 나를 발전하게 하지. 시련과 역경을 딛고 목표를 이루었을 때의 그 성취감이란 말로 다 못할 만큼 매우 크단다.

친구들아, 너희도 꼭 이루고 싶은 목표가 있니?

생각하고 실천하기

1. 나의 목표는 무엇인가요?
   (너무 거창한 것만이 목표가 될 수 있는 건 아니에요. 여러 가지 면에서 생각해 봐요. 매일 밀리지 않고 일기 쓰기, 심부름 잘하기, 하루에 세 번 이상 웃기 등도 목표가 될 수 있어요.)

2. 위에 적은 것들을 오늘의 목표, 일주일의 목표, 일 년의 목표, 평생의 목표로 정리해 보세요.

   - 오늘의 목표

   - 일주일의 목표

   - 일 년의 목표

   - 평생의 목표

국민 화가 **박수근**에게 배우는 **창조적 열정**

소년이여, 꿈을 꾸어라

하나님, 제가 커서 이다음에 밀레와 같이 훌륭한 화가가 될 수 있게 해 주세요. 그래서 제 그림을 보는 사람들이 서로를 사랑하고 마음의 평안을 얻을 수 있게 해 주세요. 그렇게만 된다면 저는 더 이상 바랄 것이 없습니다.

소년 수근은 1914년 강원도 양구에서 태어났습니다.

시집온 뒤로 계속 딸만 낳은 어머니는 수근을 낳기 전까지 항상 걱정이었습니다.

"하나님, 꼭 아들 하나만 낳게 해 주세요."

간절했던 기도가 통했는지 어머니는 곧 임신을 하게 되었고, 열 달 뒤 비로소 소원했던 아들을 낳았습니다. 그 아이가 바로 수근이었습니다.

어려서부터 순했던 수근은 울다가도 젖만 먹으면 얌전하게 자곤 했습니다. 수근은 온 가족의 사랑을 듬뿍 받으며 아쉬울 것 없이 자랐습니다. 수근의 아버지가 석탄 캐는 광산업을 하며 농사도 많이 지었기에 경제적으로 여유로웠습니다.

수근은 다섯 살이 되자 정림리에서 5리(2㎞) 정도 떨어진 곳에 있는 서당에 다니면서 『천자문』과 『명심보감』 등을 공부했습니다. 그렇게 2년 동안 서당에 다닌 뒤 정식으로 학교에 입학할 나이가 되었습니다. 수근이 다녀야 할 학교는 읍내의 제법 큰 양구공립보통학교였습니다.

"아무래도 수근이가 걸어 다니기엔 무리예요."

정림리에서 읍내에 있는 학교까지는 거리가 멀었습니다. 귀한 아들이 힘들게 걷는 것이 보기 측은했던 가족들은 읍내로 이사를 갔습니다.

그러던 어느 해, 때 아닌 비가 엄청나게 쏟아졌습니다. 비는 며칠간 그치지 않고 마치 하늘에 구멍이 난 것처럼 퍼부었습니다.

"아무리 장마철이라지만 너무하는군."

"그러게. 농사를 망칠까 봐 걱정이야."

"농사가 문젠가? 잘못하면 사람이 물에 떠내려갈 판인데……."

서쪽에서 불어온 구름은 며칠째 강원도에 머무르면서 비가 되어

내렸습니다. 하루 종일 내리고 다음 날, 그다음 날이 되어도 그치지 않았습니다. 사람들의 작은 우려는 점점 무거운 걱정으로 변해 갔습니다.

"아이고, 어쩌나! 이제 농사 다 망쳤네."

산에서 쏟아져 내려온 황톳물이 논과 밭을 쓸고 가 버렸습니다. 열심히 일궈 놓은 논밭에는 더 이상 거둘 것이 없어졌습니다. 수근의 집에도 이때부터 암울한 기운이 감돌았습니다.

"아버지, 이렇게 비가 많이 와서 어떡해요?"

마루에 앉아 하염없이 내리는 비를 바라보고 있던 수근이 들판에 나갔다 온 아버지에게 물었습니다.

"걱정하지 마라. 하늘이 무너져도 살 길이 있다."

3대 독자인 아들 수근의 머리를 쓰다듬으며 아버지는 애써 담담한 척하였습니다.

"농사가 한 해 정도 안 되어도 우리에겐 광산이 있지 않냐?"

아버지는 수근이 걱정할까 봐 일부러 웃으며 말했습니다. 그리고 그동안 모아 둔 재산이 있어 다행이라고 생각했습니다.

그러나 불운은 한꺼번에 오는 법인가 봅니다.

"사장님, 비 때문에 광산이 무너졌어요! 그 안에 사람이 갇혔어요!"

"뭐, 뭐라고?"

아버지는 허겁지겁 사고 현장으로 달려가 보았습니다. 현장에는 이미 사람들이 잔뜩 몰려와 우왕좌왕하고 있었습니다. 안에 갇힌 사

람은 살아날 가능성이 전혀 없어 보였습니다.

광산에 돈을 투자한 사람들은 수근의 아버지에게 달려들었습니다.

"박 사장! 꿔 간 돈을 갚으라고!"

"우리 돈 어떻게 할 거야?"

빚쟁이들의 성화에 아버지가 말했습니다.

"일단 사고를 수습해야 할 것 아닙니까? 나중에 내가 다 알아서 해결할 테니 걱정 마십시오. 이 광산을 처분해서라도 돈은 갚습니다."

수근의 아버지는 책임감이 강한 사람이었습니다. 그는 광산 사고로 목숨을 잃은 광부의 유가족들에게 적절한 보상을 해 주었습니다. 하지만 광산은 빚쟁이들 손에 넘어가고 말았습니다.

부유하던 집안이 망하는 건 순식간이었습니다. 한 해에 광산업이 실패하고 홍수로 논밭이 떠내려가는 불행이 겹친 것입니다.

그러나 아버지는 용기를 잃지 않았습니다.

"걱정하지 마라. 내가 양구 읍내에 가게를 차리면 우리 식구야 못 먹고 살겠냐."

아버지는 한 가정의 가장으로서 넋 놓고 있을 수 없었습니다. 가족들을 위해 애써 기운을 차려야만 했습니다. 아버지는 양구 읍내에 시계포를 차렸습니다. 시계나 금은보석을 팔면서 수리해 주면 얼마든지 생활이 가능할 줄 알았습니다.

하지만 서울도 아니고 춘천도 아닌, 양구 같은 작은 마을에서 시계를 차고 다니는 사람은 많지 않았습니다. 그러니 장사가 생각처럼 될 리 없었습니다. 생활은 갈수록 곤궁해져 갔고, 난생 처음 가난을 겪게 된 수근은 견디기 힘들었습니다. 학비가 없어 보통학교를 다니는 것조차 쉽지 않은 지경이었습니다.

"휴, 수근이 학교 월사금(다달이 내던 수업료) 내는 것도 쉽지가 않구나."

몸이 약한 어머니는 늘 수근이 걱정되었습니다. 하나밖에 없는 귀한 아들에게 모든 가난의 짐을 지우고 고생만 시킨다고 생각했기 때문입니다.

수근은 점차 말수가 적어졌고 자꾸만 우울해졌습니다. 학업에만 집중할 수 없었기에 성적도 별로 좋지 않았습니다. 그러나 유일하게 칭찬 받는 시간이 있었습니다.

"수근이는 그림을 참 잘 그리는구나."

선생님들마다 미술 시간이면 수근의 그림 솜씨에 감탄을 금치 못했습니다. 대충 쓱쓱 그리는 것 같은데 실물과 똑같이 그려 내는 그의 솜씨는 타고난 재능이 있음을 말해 주었습니다.

아이들은 그런 수근에게 다가와 그림을 대신 그려 달라거나 본을 떠 달라고 졸라 대곤 했습니다.

"수근아, 나 좀 먼저 해 줘. 나."

"나부터야, 나."

그럴 때면 수근은 쓱쓱 싹싹 스케치를 해 주곤 했습니다. 그래서 다른 과목은 항상 성적이 보통 정도였지만 미술만은 최고 점수를 받았습니다.

담임선생님이던 오득영 선생님은 수근의 재능을 알아보고 마치 예언하듯 말했습니다.

"수근아, 너는 커서 꼭 화가가 되어야 하겠다."

수근이 그린 그림은 항상 교실 뒷벽에 걸려서 1년 내내 교실 분위기를 화사하게 꾸며 주었습니다.

 날씨가 좋은 날이면 수근은 아름다운 양구의 풍경을 그림에 담았습니다. 그림을 그리고 있을 때면 아무 생각도 나지 않았습니다. 근심 어린 어머니 아버지의 얼굴도 떠오르지 않았습니다. 오로지 그림에 깊이 빠져들 수 있었던 것입니다. 그림은 그야말로 위안이었고 기쁨이었습니다. 그리고 자신이 가지고 있는 유일한 재능이기도 했습니다.

오득영 선생님은 시간이 날 때마다 수근에게 그림을 지도해 주었습니다.

"수근아, 먼 데 있는 건 이렇게 작게 그리고, 가까운 데 있는 건 크게 그리는 거야. 그리고 배경은 흐리게 그리더라도 사물은 진하고 선명하게……. 그래야 입체감이 생기지."

사범학교 출신인 선생님은 미술에도 기본적인 소양이 있었습니다. 그는 재능은 있지만 가난한 수근에게 그림물감이나 종이를 사 주며 격려해 주었습니다.

수근은 시간만 나면 산과 들로 나가 그림을 그렸습니다. 동생을 업고 나와 봄나물을 뜯는 소녀, 빨래하는 아낙네들, 일하는 농부, 학교 뒷산의 느릅나무 등등 자연의 모든 것이 그에겐 그림 소재였습니다. 평범한 주변 환경과 일상의 작은 경험들은 훗날 그의 예술 세계를 지배하는 원동력이 되었습니다.

그러나 수근은 가난한 집안 형편 때문에 소학교를 졸업한 뒤 더 이상 상급 학교에 진학하지 못했습니다.

"아버님, 어머님. 저는 집안일이나 돌보겠어요."

수근은 어차피 중학교에 못 갈 바엔 먼저 부모님에게 말해 부담을 덜어 드려야겠다는 생각에서 애써 환한 얼굴로 말했습니다.

"미안하다."

하나뿐인 아들을 공부시키지 못하는 부모님은 너무나 가슴이 아팠습니다.

그러던 어느 날 수근은 아버지의 심부름을 하러 읍사무소에 가게 되었습니다. 수근은 직원에게 호적초본을 떼러 왔다고 말한 뒤 잠시 기다렸습니다. 아무 생각 없이 사무소 안을 살펴보던 수근은 그 자리에 굳어 버리고 말았습니다. 수근의 시선이 닿은 것은 탁자 위에 놓인 커다란 화집이었습니다.

"아니, 이건……."

그림이라면 자다가도 벌떡 일어나는 수근은 가까이 다가가 화집을 자세히 살펴보았습니다. 거기에는 프랑스 근대 화가들의 그림이 화려한 색채로 인쇄되어 있었습니다.

한 장 한 장 책장을 넘기는 수근의 손이 떨렸습니다. 숨이 막힐 지경이었습니다. 쿵쾅쿵쾅 가슴 뛰는 소리와 함께 설렘과 긴장이 한꺼번에 몰려왔습니다. 원색의 화려한 도판은 그 당시에 매우 구경하기 힘든 것이었습니다.

"저, 이 책은 누구 건가요?"

수근이 용기를 내서 직원에게 물었습니다.

"그거 춘천에서 온 책 장수가 읍장님에게 팔려고 가져왔다가 잠시 변소 가면서 놔두고 간 거다."

수근은 이런 화집을 태어나서 처음 보았습니다. 서양의 화가들이 그린 그림이 이렇게까지 화려하고 아름다우리라고는 상상도 못 했습니다.

"흡!"

책장을 숨 가쁘게 넘기던 수근은 어떤 그림 앞에서 완전히 손길을 멈추고 말았습니다.

그것은 저녁노을이 붉게 지는 들판에서 하루의 일과를 마친 농민 부부의 모습이 담긴 그림이었습니다. 부부 사이에 있는 광주리와 뒤편의 손수레에는 이들이 캔 감자가 들어 있고, 왼쪽에는 쇠스랑이 꽂혀 있었습니다. 남자는 모자를 벗어 들었고, 여자는 고개를 숙인 채 두 손을 모으고 있었습니다. 멀리 지평선 너머 보이는 교회에서는 저녁 종소리가 들려오는 듯했습니다. 부부는 하루의 노동을 마치고 자연과 우주를 관장하는 위대함에 감사하는 모습이었습니다.

'아아, 비록 가난하고 가진 것 없는 농부들이지만 작은 것에도 이렇게 감사해하는구나. 정말 감동적이야.'

그 그림은 스스로 자신을 낮추고 겸허히 일상을 받아들이는 경건함을 잘 표현한 것 같았습니다. 그림이 주는 숭고함은 가난에 시달리고 찌들었던 수근에게 크나큰 감동을 주었습니다.

그때 두꺼운 코트를 입은 사람이 수근에게 다가왔습니다. 척 봐도 그가 화집 주인인 걸 알 수 있었습니다.

"때 탄다. 만지지 마라."

그는 꾀죄죄한 옷차림의 아이가 자기 책을 만지는 게 못마땅한 것 같았습니다.

수근은 그런 그의 태도에 아랑곳하지 않고 물었습니다.

"아저씨, 이 그림을 그린 사람은 누구예요?"

책 장수는 심드렁하게 대답했습니다.

"밀레라는 프랑스 화가란다."

"화가 이름이 밀레군요. 그럼 그림의 제목은요?"

"만종이란다. 저녁 만(晚)에 쇠북 종(鍾) 자."

그때부터 수근은 밀레라는 화가와 그의 그림 〈만종〉을 가슴 깊이 새겼습니다.

"에이, 이 촌구석에 이런 책 사 볼 사람이 있을 리 없지."

책 장수는 구시렁거리며 책을 싸 들고 나갔습니다.

수근은 마치 얼이 빠진 사람처럼 집으로 돌아왔습니다. 오는 내내 〈만종〉의 감동은 진한 향기처럼 지워지지 않았습니다. 큰 감동을 받은 수근은 그날 밤 기도를 했습니다.

"하나님, 제가 커서 이다음에 밀레와 같이 훌륭한 화가가 될 수 있게 해 주세요. 그래서 제 그림을 보는 사람들이 서로를 사랑하고 마음의 평안을 얻을 수 있게 해 주세요. 그렇게만 된다면 저는 더 이상 바랄 것이 없습니다."

그는 자신이 〈만종〉을 보고 감동과 위안을 얻었듯, 사람들도 자신의 그림을 보고 마음의 평안과 희망을 갖게 되길 진심으로 바랐습니다. 그날 이후 수근의 가슴속 심지에는 작지만 강한 불꽃이 피어나기 시작했습니다. 이 일은 훗날 수근이 위대한 화가로 커 나가는 데 중요한 계기가 되었습니다.

수근은 유일하게 자신의 삶에 희망과 돌파구로 삼을 수 있는 것이 화가의 길이라 생각했습니다. 그는 자신이 숙명적으로 화가가 될 수밖에 없다는 걸 알게 되었습니다.

  '비록 학교는 갈 수 없지만 그림은 얼마든지 나 혼자 그릴 수 있잖아.'

  방황하던 소년 수근은 삶의 방향을 찾게 되었습니다. 그는 항상 밀레의 〈만종〉을 잊지 않았습니다. 그리고 그 감동과 여운을 평생 마음에 지녔습니다.

  수근의 내부에 있던 화가로서의 가능성과 잠재성은 바로 이때 본격적으로 불이 붙었습니다.

좀 더 깊이 알아보기

밀레와 〈만종〉

〈만종〉을 그린 장 프랑스와 밀레(Millet, Jean François 1814~1875)는 프랑스의 화가입니다.

밀레는 농민 생활에서 보고 겪은 것을 소재로 하여 독특한 정감과 우수에 찬 분위기가 느껴지는 작품 세계를 확립했습니다. 그는 특히 풍경보다 농민 생활을 더 많이 그렸는데, 주요 작품으로는 〈씨 뿌리는 사람〉, 〈이삭줍기〉, 〈만종〉 등이 있습니다.

〈만종〉, 1857~1859, 오르세미술관, 파리

그중에서도 〈만종〉은 해질 무렵의 빛의 효과를 이용해 시적 정감이 넘치는 분위기를 나타낸 작품으로 유명합니다. 하루의 일과를 마친 한 농부 부부가 황혼이 지기 시작한 전원을 배경으로 기도를 드리고 있습니다. 들판 한가운데 서 있는 이들 부부의 모습은 마치 대지와 하나가 된 것처럼 보이며, 먼 지평선에서 물들어 가는 노을빛을 받고 있는 부부의 경건한 자세는 종교적인 감동을 불러일으키고 있습니다.

밀레는 노동을 하늘의 섭리로 알고 묵묵히 일하는 농부들의 모습을 통해 도시와 상반되는 농촌의 가치를 종교적 색채로 그려 냈습니다. 특히 〈만종〉은 단순히 노동에서 오는 기쁨뿐 아니라 삶의 진실을 함께 전해 주고 있어 많은 사람들에게 사랑받고 있습니다.

지금 이 작품은 파리 오르세미술관에 소장되어 있습니다.

박수근이 들려주는
창조적 열정의 실천 방법 ❷

나의 역할 모델을 찾아 본받으려 애쓴다

나는 우연히 밀레의 〈만종〉을 보고 큰 영감을 얻게 되었어. 그리고 세계 미술사에 큰 획을 그은 거장 밀레를 내가 닮고 싶은 대상으로 삼았단다. 이렇듯 자기가 마땅히 해야 할 직책이나 임무 따위의 본보기가 되는 대상을 역할 모델이라고 해.

우리의 가슴속에서 끓어오르는, 무언가를 미치도록 하고 싶다는 열정은 역할 모델을 찾아야 구체적인 방향을 정할 수 있어. 나는 바로 밀레같이, 보는 사람들이 서로를 사랑하게 되고 마음의 평안을 얻을 수 있는 그림을 그리고 싶었어.

진심으로 어떤 사람처럼 되고 싶다는 생각을 하면 그 사람이 하는 말과 행동을 닮게 돼. 그러다 보면 정말 그 사람과 비슷한 성공을 경험할 수 있게 되지. 그리고 더 노력하면 역할 모델을 넘어설 수 있는 사람이 된단다.

역할 모델을 따르는 건 특별히 어떤 사람을 무조건 따라하는 게 아니야. 그 사람의 좋은 점을 본받기 위해 그 사람의 긍정적인 면들을 배우는 거지. 그리고 역할 모델이 꼭 한 사람일 필요는 없어. 여러 명의 훌륭한 사람을 두고 그들의 좋은 점을 본받으려 노력하면 되는 거야.

중요한 건 모방을 통해 위대한 창조가 이루어지듯 역할 모델을 따라하다 보면 내 안에서 그 이상의 것이 뿜어져 나올 수 있다는 거지.

친구들은 혹시 본받고 싶은 사람이 있니?

생각하고 실천하기

1. 내가 본받고 싶은 사람은 누구인가요?
 (꼭 한 명이 아니라도 좋아요. 닮고 싶은 사람을 마음껏 적어 보세요.)

2. 그 사람의 어떤 면이 부럽나요? 또한 부러운 이유는 무엇인가요?

3. 본받고 싶은 사람을 뛰어넘는 사람이 되려면 어떻게 해야 할까요?

국민 화가 **박수근**에게 배우는 **창조적 열정**

봄이 오다

수근의 그림은 그림 그리는 대상에 대한 깊은 애정이 들어가 있어, 보는 사람을 감동하게 만들었습니다. 화려하지 않고 향토적인 수근의 그림은 순박하고 깨끗한 민족의 정서를 담고 있었으며 발전할 가능성이 엿보였습니다.

　그날도 수근은 마을 앞에 있는 잎사귀가 다 떨어진 앙상한 나무를 그리고 있었습니다.
　그는 다른 아이들이 학교에서 수업을 받는 동안 혼자서 나무와 자연 풍경을 그리며 시간을 보냈습니다. 가난한 집안 형편 때문에 좋은 선생님으로부터 제대로 지도를 받지는 못했지만 그림에 대한 열정만은 그 누구에게도 지지 않았습니다.
　〈만종〉을 보고 난 후의 아찔한 기억과 감동은 여전히 수근의 가슴속에 뜨겁게 남아 있었습니다. 그러나 그것에만 잠겨 있기에는 현실이 너무도 냉혹했습니다. 매일 먹고살 것을 걱정해야 하는 데다가 어머니의 건강마저 나빠졌기 때문입니다.
　유난히 가을이 빨리 오는 양구에서 그는 해가 질 때까지 들판에 있는 나무를 그렸습니다.

 그가 손에 쥐고 그리는 것은 뽕나무를 잘라 태워 만든 목탄이었습니다. 수근은 제대로 된 목탄을 사서 쓸 수 있는 형편이 못 되었습니다. 야외에서는 이렇게 스케치북에 목탄만으로 그림을 그리는 것이 번거롭지 않고 가장 간단한 일이었습니다.
 "어, 벌써 어두워졌네."
 시간 가는 줄 모르고 그림을 그리던 그는 화구를 주섬주섬 챙겨 집으로 돌아왔습니다. 어느새 쌀쌀해진 들판에는 찬바람이 불어왔습니다.

그때 자전거를 타고 지나가던 누군가가 알은체를 했습니다.

"거기, 수근이 아니냐?"

수근이 졸업한 보통학교의 교장 이시이 선생님이 수근을 보며 반갑게 웃고 있었습니다. 그는 일본인이었지만 수근에게 무한한 사랑을 주는 사람이었습니다.

"선생님, 안녕하세요?"

"그래, 오늘도 그림 그리고 오는 길이구나."

"예."

수근은 부끄러웠습니다. 상급 학교를 가지 못하고 집 안에서 몇 년째 그림만 그리고 있는 자기 자신이 너무 보잘것없게 느껴졌기 때문입니다. 이런 그의 마음을 알아챘는지 이시이 선생님은 수근의 등을 두들겨 주며 말했습니다.

"열심히 해라. 수근이 너에겐 분명히 재능이 있어. 선생님은 널 믿는다."

"감사합니다."

"넌 꼭 성공할 거야."

수근의 그림을 교실 벽에 걸어 주었던 오득영 담임선생님도 수근을 지지해 주는 이들 중 한 사람이었습니다. 선생님은 언제나 수근을 응원해 주었습니다.

"수근아, 대부분의 화가들은 가난하고 힘든 삶을 살았단다. 그러나 그것을 극복하고 아름다운 예술품을 만들어 냈어."

"예, 선생님."

"보석 중에 진주 알지? 그게 어떻게 생기는 건지 아니?"

"아뇨."

"조개는 몸속에 이물질이 들어와 견딜 수 없이 고통스러울 때 그 고통을 이겨 내기 위해 자신의 분비물로 이물질을 감싼단다. 그러면 나중에 그게 커져서 아름다운 진주가 되는 거야."

"아……."

"이물질이 바로 인간에게는 고통인 거야. 지금 네가 가난한 집안 형편 때문에 고통을 겪지만 이걸 이겨 내면 너는 훌륭한 화가가 될 거야. 뜻이 있는 곳에 길이 있는 법이란다."

말수가 적고 내성적인 수근은 아무 말도 하지 않았습니다. 그러나 마음속에서는 한층 더 결의가 굳건해지고 있었습니다. 선생님들의 그러한 격려를 받을 때마다 수근은 화가로서의 길을 더욱 열심히 가야겠다는 각오를 다졌습니다.

"이걸 한번 보렴."

어느 날 선생님이 신문을 건네주었습니다.

"조선미술전람회가 열린단다. 여기에 네 그림을 내 보면 어떻겠니?"

"전람회요?"

"그래, 내가 서울에 있을 때 한번 가 본 적이 있는데 조선에서 가장 실력 있는 사람들 그림은 거기에 다 있더구나."

"하지만 전 그림에 대해서 제대로 배운 적도 없는데……."

수근은 이내 주눅이 들었습니다.

"그렇지 않아. 꼭 정식 교육을 받아야 출품할 수 있는 건 아니야. 그리고 이번에 안 되면 내년, 내년에 안 되면 후년이 있잖니."

"……."

"용기를 내서 꼭 도전해 봐라."

선생님은 적극적으로 수근을 격려해 주었습니다.

수근은 그 공고를 책상 앞에 붙였습니다. 그것을 볼 때마다 가슴이 뛰었습니다. 매일매일 무료하던 삶이 갑자기 의미 있고 반짝이는 것으로 느껴졌습니다.

'내가 과연 잘할 수 있을까? 무얼 그릴까? 어떤 걸 그려서 보내지?'

수근은 아무것도 알지 못했습니다. 어떤 그림들이 좋은 그림인지, 어떻게 그려야 상을 탈 수 있는지 알 수 없었습니다.

수근은 온종일 소재를 찾아 들판을 돌아다녔습니다. 그리고 주변 풍경들을 이것저것 그리기 시작했습니다. 그러다 보면 좋은 아이디어가 떠오를 것 같았습니다. 겨울 내내 수근은 수없이 많은 그림을 스케치하며 전람회에 내보낼 작품을 준비했습니다.

'아, 아직도 마음에 쏙 드는 것이 없어.'

이제는 들판을 하루 종일 돌아다녀 봐도 좋은 소재가 눈에 띄지 않았습니다. 산과 들의 풍경은 그저 쉽게 볼 수 있는 평범한 소재 같았습니다.

'아, 어쩐다. 무얼 그려야 심사위원들이 감동을 받을까?'

전람회 마감 날짜는 점점 다가오는데 수근에게는 완성하지 못한 그림들만 잔뜩 있었습니다. 어떤 그림이건 한두 가지씩은 마음에 들지 않았습니다.

'이건 너무 평범해. 저건 구도가 마음에 안 들어. 그리고 이건······.'

방 안에 앉아 이것저것 자신이 그린 그림들을 살펴보았지만 이거다 싶은 그림은 없었습니다.

'이래서야 어디 출품을 할 수 있을까?'

따뜻한 봄볕이 내리쬐던 어느 날, 역시 풍경화를 그리러 나갔다가 집에 돌아오던 수근은 갑자기 얼어붙은 것처럼 제자리에 서고 말았습니다.

'아, 저건······!'

아직 잎사귀가 돋지 않은 나목이 기와지붕 너머로 보이고 추녀 밑에는 어머니가 빨래를 널고 있는 집의 모습이었습니다. 그것은 마치 한 폭의 그림 같았습니다.

'저거야! 하늘과 나무와 기와집의 선, 그리고 일하는 어머니의 모습과 빨래에서 반사되는 봄볕의 따사로움!'

계곡과 들판을 돌아다니며 소재를 찾고 있던 수근은 바로 자신의 집 풍경이 가장 아름다운 소재임을 깨달았습니다. 마치 행복을 주는 파랑새를 찾아 온 세상을 헤매다 돌아온 집에서 파랑새를 발견한 것과 같았습니다.

  수근은 바로 스케치북을 펴서 그 장면을 스케치하기 시작했습니다. 따뜻한 봄볕에 이불 빨래를 널고 있는 어머니의 모습, 벼 낟가리 아래에서 닭들이 평화롭게 모이를 줍고 있는 장면을 그리기 시작했습니다.

  수근은 며칠 동안 여러 장의 그림을 스케치한 후 수채 물감을 입히기 시작했습니다. 유화로 그리고 싶었지만 비싼 유화 물감을 구하기가 쉽지 않았습니다. 몇 주간의 노력 끝에 그는 자신이 살고 있는 집을 있는 그대로 그려 냈습니다.

  "이 그림의 제목은 '봄이 오다' 라고 하겠어."

  〈봄이 오다〉는 제목에서 느껴지듯 움츠렸던 대지가 따뜻한 봄바

람에 녹아내리고 다가올 생명의 계절을 준비하며 기지개를 켜는 모습이 잘 표현되었습니다.

우체국에 가서 그림을 보내고 돌아오며 수근은 가슴이 뛰었습니다. 나이도 어리고 정식으로 그림을 배워 본 적도 없는 자신의 그림이 심사위원들에게 어떤 평가를 받을지 궁금했습니다. 무언가 목표를 갖고 작은 기대를 하며 작품을 낼 수 있다는 것만으로도 그는 행복했습니다.

그림을 보내고 나니 수근에게 남은 것은 다시 농사일과 집안일이었습니다. 장작을 패고 논밭을 가는 동안 수근은 어느새 바쁜 일상 속에서 자신이 전람회에 그림을 내보냈다는 사실조차 까맣게 잊고 있었습니다.

그로부터 한 달 뒤 논에서 한창 바쁘게 일하고 있는데 새참을 내오던 어머니가 말했습니다.

"수근아! 이리 와 보렴."

"예, 어머니."

맑은 도랑물에 손발을 씻고 올라서자 어머니가 새참 틈새에서 누런 종이 한 장을 내밀었습니다.

"전보가 왔다."

"전보요?"

"아까 오전에 우체부가 왔다 갔어."

수근은 가슴이 뛰기 시작했습니다. 아는 사람 가운데 그에게 전보칠 사람이 없었기 때문입니다. 왠지 좋은 예감이 들었습니다.

> 박수근 귀하
> 귀하의 작품인 〈봄이 오다〉가 제11회 조선미술전람회에 입선작으로 뽑혔음을 알려 드립니다.

순간 수근은 이게 꿈인가 생신가 싶었습니다.
"와, 어머니!"
"무슨 일이냐? 안 좋은 소식이냐?"
글을 모르는 어머니가 놀라 물었습니다.
"제 그림이 뽑혔대요!"
"뽑히다니?"
"선전(조선미술전람회)에 뽑혔어요. 입선이래요."
그때 막 밥을 입에 떠 넣으려던 아버지가 정색을 하며 물었습니다.
"그게 정말이니?"
"예, 아버지. 제 그림이 선전에 뽑혔어요!"
"후유!"
아버지는 한숨을 내쉰 뒤 말했습니다.
"그림 그려서 어찌 집안을 먹여 살리겠느냐? 나는 네가 그림을 안

그렸으면 좋겠다."

아버지는 수근이 그림 그리는 것을 반대했습니다.

그러나 어머니는 달랐습니다.

"수근아, 네가 그림에 소질이 있으면 그걸 해야 해."

비록 아버지는 함께 기뻐해 주지 않았지만 그럼에도 불구하고 수근의 가슴은 기쁨으로 벅차올랐습니다. 혼자 꿋꿋하게 고독을 이겨 내며 그렸던 그림이 처음으로 세상의 인정을 받았기 때문입니다. 게다가 미술에 조예가 깊은 전문가들에게 인정받았다는 것은 매우 가슴 벅찬 일이었습니다. 수근은 온 들판에 대고 크게 소리를 지르고 싶은 심정이었습니다.

조선미술전람회는 전국 규모의 미술 공모전이었습니다. 그런 큰 전람회에 열여덟 살밖에 되지 않은 소년이 입선했다는 사실은 아주 대단한 일이었습니다. 첫 입선으로 수근은 자신감이 생겼습니다. 더 큰 목표가 자연스럽게 가슴속에 아로새겨졌습니다.

'이번엔 꼭 특선에 뽑혀야지.'

수근은 더욱 비장한 각오로 그림을 그렸습니다. 쟁쟁한 화가들 사이에서 자신이 상을 받았다는 사실이 꿈만 같았지만 수근은 이제부터가 시작이라고 생각했습니다.

"수근아, 쉬어 가면서 해라."

열심히 그림을 그리는 수근을 곁에서 늘 격려해 주는 사람은 어머니였습니다.

"네, 어머니. 걱정 마세요."

그러나 어머니는 건강이 좋지 않았습니다. 과도한 노동과 집안 살림이 몸을 견딜 수 없게 만들었던 것입니다.

수근이 그림에 대한 열정으로 열심히 그림을 그리는 동안 어머니는 유방암에 걸려 춘천도립병원에 입원하게 되었습니다. 어머니의 병명이 치료하기 어려운 유방암이라는 말을 들은 그는 부엌에서 혼자 울어야만 했습니다.

어머니의 그릇을 쓰다듬으며 수근은 동생들이 볼까 두려워 소리 죽여 눈물만 흘렸습니다.

"어머님 돌아가시면 이 정든 그릇들은 어쩌면 좋은가, 으흐흐흑!"

어머니가 아프면서 집안일을 하고 동생들을 보살필 사람은 수근밖에 없었습니다. 우물가에 가서 물동이로 물을 길어 와 밥도 짓고 청소도 해야만 했습니다. 그런 바쁜 가운데서도 수근은 틈틈이 그림 그리는 일을 게을리하지 않았습니다.

어머니의 병환은 점점 악화되어 수술조차 소용이 없었습니다. 이미 온몸에 퍼진 암을 이길 수가 없었기 때문입니다.

"이제 집에 돌아가시지요. 병원에서 할 수 있는 일은 없습니다."

의사의 선고에 어머니는 어쩔 수 없이 집에 돌아와야만 했습니다. 결국 집에 온 지 얼마 지나지 않아 어머니는 숨을 거두었습니다.

"수근아, 내가 죽더라도 너는 훌륭한 화가가 되어라. 널 끝까지 뒷받침해 주지 못해서 미안하다."

수근은 뜨거운 눈물을 흘렸습니다.

"어머니, 흑흑흑!"

다른 집 아들처럼 열심히 노동을 해서 어머니를 편안하게 해 드린 것도 아니고, 장사를 하거나 사업을 해서 돈을 벌어다 드리지도 못하고, 오로지 그림만 그리며 산 자신의 삶이 너무나 죄송했습니다. 어머니가 돌아가시자 수근은 자신이 평생 가야 할 길이라 여겼던 화가의 길도 꽉 막힌 것만 같았습니다.

"수근아, 우리 금성으로 가자."

아버지는 어머니가 돌아가신 양구에 더 이상 머무르기 싫었습니다. 식구들은 양구를 떠나 이웃 군인 금성에 새롭게 자리를 잡았습니다. 그러나 집안 살림은 더욱 어려워져 아버지는 빚 때문에 얼마 안 되는 재산을 정리했고 형제들도 뿔뿔이 흩어졌습니다.

수근은 오득영 선생님이 사는 춘천 요선동으로 무작정 찾아갔습니다. 그리고 가까운 사창고개에 방을 얻어 그림을 그렸습니다. 상황은 최악이었지만 수근은 그림 그리기를 쉬지 않았습니다. 춘천은 그림 그리기에 좋은 곳이었습니다. 굽이굽이 흐르는 소양강과 그 주변의 풍경이 그림의 소재가 될 만큼 아름다웠기 때문입니다.

낮에는 먹고살기 위해 닥치는 대로 일을 했지만 저녁때가 되면 수근은 그림에만 집중했습니다. 며칠간 그림 그릴 정도의 돈이 마련되면 방에 들어앉아 자신만의 세계에 몰두했습니다.

현실적으로는 춥고 배고픈 삶을 살았지만 희망이 있었기에 마음은

배고프지 않았습니다. 수근은 계속해서 열심히 그림을 그렸습니다. 다시 한 번 선전에서 인정을 받고 싶었기 때문입니다.

그의 후원자 가운데 도청 사회과에 근무하는 미키시 과장이 있었습니다. 그는 늘 수근의 그림 솜씨에 관심을 가지고 있어 힘닿는 대로 후원을 해 주었습니다. 수근의 그림을 높은 사람들에게 팔아 주거나 작은 개인전을 열게 해 준 것도 그였습니다.

결국 수근은 1936년 15회 조선미술전람회에서 또 한 번 입선을 하게 되었습니다. 수채화로 그린 〈일하는 여인〉이라는 그림이었습니다.

연속으로 상을 받자 수근은 이제 어떤 그림을 그려야 선전에 입선할 수 있는지 감을 잡게 되었습니다. 그리하여 1937년에 들녘에서 나물 캐는 소녀들을 스케치한 〈봄〉이라는 작품이 선전에 입선했으며, 이후 1943년 22회까지 계속해서 입선화가로서의 기량을 다졌습니다. 수근의 그림에는 다른 이들의 그림에서는 찾아볼 수 없는 일하는 여인들의 소박한 모습이 있었습니다. 이것은 심사위원들에게 매우 신선해 보였습니다.

이 당시 활동하던 화가들은 대개 외국으로 유학을 다녀오거나 신식 교육을 받은 사람들이었습니다. 자연히 그들의 활동 무대는 대도시였습니다. 그들은 주로 외국에서 미술을 공부했기에 서구의 인상주의(19세기 후반 프랑스에서 일어난 근대 미술의 한 경향) 화가들의 작품을 모방하거나 야수파(20세기 초 프랑스에서 일어난 회화의 한 유파)의 거침없는 붓질을 흉내 내는 사람들이 태반이었습니다. 그래서 당시 선전의 출품작은 학교에서 배운 식으로 그린, 잘 차려입은 여인의 모습이나 누드화가 주종을 이루었습니다.

그런 분위기에서 혼자 공부한 수근의 그림은 그만치 자기만의 독특함을 가지고 있었던 것입니다. 수근의 그림에는 그림 그리는 대상에 대한 깊은 애정이 들어가 있어, 보는 사람을 감동하게 만들었습니다. 화려하지 않고 향토적인 수근의 그림은 순박하고 깨끗한 민족의 정서를 담고 있었으며 발전할 가능성이 엿보였습니다. 그 안에는 헛된 꾸밈없이 이웃을 사랑하고 기꺼이 대상과 화합하려는 그의 마음이 담겨 있었습니다.

그는 결코 자신이 그림을 잘 그리는 화가라고 우쭐하거나 뽐내지 않았습니다. 그저 순수하게 그림이 좋아서 그림을 그리는 초보자의 마음을 갖고 있었기에 그의 그림에는 겸손함이 배어 있었습니다. 그의 그림은 서민적이며 건강했습니다. 억지스럽게 치장하거나 화려하게 꾸미지 않았기 때문에 두고두고 봐도 싫증이 나지 않았습니다.

그는 이렇듯 자기만의 세계를 만들면서 서서히 실력을 쌓아 가고 있었습니다.

박수근이 들려주는
창조적 열정의 실천 방법 ❸

재능을 발견하고 시련을 극복한다

내가 그림을 잘 그린다는 사실은 어렸을 때 선생님들이 발견해 주셨어. 나의 숨겨진 재능을 알아보신 거지. 친구들도 주변에서 "넌 이걸 참 잘하더라!", "넌 정말 이 방면에 소질이 있구나!" 하는 칭찬을 들어 본 적 있니? 그중에서 가장 많이 들었던 칭찬이 무엇인지 떠올려 봐. 그게 바로 너의 숨은 재능일지 모르니까.

난 내 재능이 무엇인지 찾고 나서 그걸 꾸준히 키워 나갔어. 내가 좋아하는 것, 내가 잘하는 것, 내가 하고 싶은 것을 믿었어. 그래서 한 번도 다른 길을 기웃거리지 않고 화가의 길을 가게 되었단다.

물론 그 과정 속에서 나를 흔드는 많은 시련들이 있었어. 가난한 집안 형편과 어머니의 죽음 등은 내가 계속 그림을 그려야 하는지 고민하게 했단다. 만일 내가 그때 돈을 벌기 위해 장사를 하거나 회사에 다녔다면 어떻게 되었을까? 훗날 높이 평가되는 내 수많은 작품들은 아마 존재하지 않았을 거야.

주변 환경이 좋아야 꼭 성공하는 건 아니야. 오히려 어려운 환경에 처한 사람일수록 나중에 훌륭한 사람이 되는 경우가 많아.

시련을 이겨 내는 자만이 재능을 꽃피울 수 있어. 시련이야말로 성공을 더욱 빛내 주는 과정이란다.

친구들은 잘하는 게 뭐니? 어떤 재능을 갖고 있니?

생각하고 실천하기

1. 내가 가장 좋아하는 일은 무엇인가요?
   (시간 가는 줄 모르고 집중하게 되는 일, 할 때마다 즐겁고 행복해지는 일을 적어 보세요.)

2. 내가 가장 잘하는 일은 무엇일까요?
   (부모님이나 선생님, 혹은 친구들이 주로 내게 어떤 칭찬을 하나요?)

3. 내가 정말 좋아하고 잘하는 일을 해 나가려면 앞으로 어떤 노력을 해야 할까요?

 국민 화가 **박수근**에게 배우는 **창조적 열정**

나는 그림 그리는 사람입니다. 재산이라곤 붓과 팔레트밖에 없습니다. 만일 당신이 승낙하셔서 나와 결혼해 주신다면 물질적으로는 고생이 되겠으나 정신적으로는 누구보다도 행복하게 해 드릴 자신이 있습니다. 나는 훌륭한 화가가 되고 당신은 훌륭한 화가의 아내가 되어 주시지 않겠습니까?

맷돌질하는 여인

　　　　　　　　1940년 가을 무렵이었습니다. 평양 외곽의 한 작은 기와집 마당에서 복성스럽게 생긴 아낙이 맷돌을 열심히 돌리며 콩을 갈고 있었습니다. 슬금슬금 돌아가는 맷돌 틈으로 갈린 콩이 흘러내렸습니다. 이러한 여인의 모습을 바라보며 한 사내가 마루에 앉아 열심히 스케치를 하고 있었습니다. 한참 동안 맷돌을 돌리던 여인은 사내를 보고 말했습니다.

　"거의 다 갈았는데요."

　"어, 나도 다 그렸소. 조금만 앉아 있어요."

　그 여인의 이름은 김복순. 그녀를 그리는 사람은 남편 박수근이었습니다. 복순은 자신을 모델로 그림을 그리는 수근을 보며 마음속으로 빌었습니다.

'하나님, 저희 남편이 그리는 그림이 이번 선전에서도 꼭 입선할 수 있게 도와주세요.'

1940년 2월 10일 금성감리교회에서 결혼한 이 부부는 사실 결혼하기까지의 과정이 순탄하지 않았습니다. 수근이 안정적으로 돈을 벌지 못하는 화가였기 때문입니다.

원래 수근의 집과 복순의 집은 한동네였습니다. 유복한 집안에서 태어난 복순은 보통학교를 나와 춘천여고에 들어간 신여성이었습니다. 주위에는 그러한 복순을 며느리로 들이고 싶어 하는 집안이 많았습니다.

수근은 어려운 가정환경과 화가로서 인정받지 못한 상황에서 결혼은 생각하지도 못했습니다. 그러나 아버지가 재혼하여 동생들과 살고 있는 금성에 갔다가 운명적인 여인을 만나게 되었습니다. 우연히 새어머니를 따라 빨래하는 곳에 간 수근은 후덕한 모습의 복순을 보았습니다. 복순에게 첫눈에 반한 수근은 그녀와 꼭 결혼해야겠다고 생각했습니다.

하지만 복순의 집에서는 복순을 다른 사람과 약혼시키기로 이미 정해 놓고 있었습니다. 그 사실을 안 수근은 말도 못 하고 끙끙 앓았습니다. 이를 보다 못한 수근의 아버지는 복순의 집을 찾아갔습니다.

"이 집 딸 때문에 우리 아들이 죽게 생겼소."

"아니, 그게 무슨 말이오?"

"우리 아들이 댁의 딸에게 장가를 가겠다고 했단 말이오."
"이미 내 딸은 다른 곳에 시집가기로 되어 있소."
"난 모르니 우리 아들을 책임지시오."

다짜고짜 떼를 쓰며 딸을 며느리 삼겠다고 하는 수근의 아버지 때문에 복순의 아버지도 마음이 움직이고 말았습니다. 마침내 결혼이 결정되자 수근은 미래의 아내 복순에게 편지를 보냈습니다.

> 나는 그림 그리는 사람입니다. 재산이라곤 붓과 팔레트밖에 없습니다. 만일 당신이 승낙하셔서 나와 결혼해 주신다면 물질적으로는 고생이 되겠으나 정신적으로는 누구보다도 행복하게 해 드릴 자신이 있습니다. 나는 훌륭한 화가가 되고 당신은 훌륭한 화가의 아내가 되어 주시지 않겠습니까? 귀여운 당신을 내 아내로 맞이한다면 그보다 더한 행복은 없겠습니다.
> 내가 이제까지 꿈꾸어 오던 내 아내에 대한 여성상은 당신같이 소박하고 순진하고 고전미를 지닌 여성이었는데 당신을 꼭 나의 배필로 하나님께서 정해 주신 것으로 믿고 싶습니다.

편지를 받아 본 복순은 안심이 되었습니다. 수근이 순박한 남자인 것을 알았기 때문입니다. 복순도 가난하지만 순수한 수근이 좋았습니다.

복순은 부잣집 귀한 딸로 자랐지만 일곱 살 때 어머니가 세상을 떠난 후부터는 고생스러운 삶을 살았습니다. 집안 살림은 엉망이 되었고 어린 복순은 새어머니 손에서 자라게 되었습니다. 복순네 집은 경제적으로는 여유가 있었지만 술고래인 아버지가 늘 노름이나 하고 사람들을 불러들이는 탓에 화목하지 않았습니다. 어린 시절부터 복순은 그런 생활이 지긋지긋했습니다.

"엄마, 왜 저를 이렇게 일찍 버리셨어요?"

달 밝은 밤 복순은 뒤꼍 툇마루에 앉아서 하늘을 보며 울었습니다. 그리고는 간절히 기도를 올렸습니다.

"하나님 아버지, 소원이 있습니다. 제가 커서 시집을 갈 때는 우리처럼 부잣집이 아니어도 되고 아주 가난해도 좋으니, 제발 저를 예수님을 믿고 정직하게 사는 집으로 시집가게 해 주세요."

복순이 기도하는 그 순간도 안방에서는 노름하며 웃고 떠드는 소리가 끊이지 않았습니다.

그랬던 그녀였기에 가난하지만 신앙심 깊고 조용히 그림을 그리는 수근이 싫을 리 없었습니다. 그들의 결혼은 바로 이런 배경에 의해 이루어졌습니다.

복순과 결혼한 해 춘천에서 고생하며 살던 수근은 운 좋게도 춘천에 있는 강원도청의 임시직으로 근무할 수 있었습니다. 미키시 사회과장이 말없이 성실하게 생활하는 수근을 잘 보았던 것입니다. 그래서 평양으로 전근을 갈 때 수근도 데려가 평안남도 도청에서 일할 수 있게 해 주었습니다.

취직이 되어 평양으로 먼저 간 수근은 곧 아내 복순을 데려왔고, 이 둘은 가난한 살림이었지만 행복한 신혼생활을 보낼 수 있었습니다.

그러나 신혼생활이 언제나 기쁜 것은 아니었습니다. 그것은 뼈저린 가난 때문이었습니다. 영하 20도 아래로 떨어지는 강추위에 수근은 변변한 코트 한 벌 없이 지내야 했습니다.

수근은 평양 기림리에 있는 창동교회 집사님의 문간방에서 아내와 아들 성소, 동생 둘, 조카 둘과 함께 더부살이를 해야 했습니다. 수근의 알량한 서기 월급으로 방세를 내고 남은 돈으로 온 가족이 생활을 하려니 돈은 늘 부족했습니다.

"여보, 미안하오. 고생만 시켜서……."

"아니에요. 그래도 저의 기도가 이루어진걸요."

복순은 친정에서의 아픈 기억을 떠올리면 가난하지만 착한 수근과 사는 것이 행복임을 알고 있었습니다.

하지만 한 줌도 안 되는 쌀을 배급받고, 콩깻묵으로 연명하는 삶은 결코 쉬운 것이 아니었습니다. 게다가 복순은 둘째 아이를 임신해 건강까지 나빠지고 있었습니다. 복순은 뜨개질을 해서 돈을 모으려 했지만 새 발의 피였습니다.

수근 역시 열심히 일하면서도 휴일이나 주말이 되면 아내와 생활 주변의 모습을 그렸습니다. 그가 맷돌질하는 아내 복순을 그린 〈맷돌질하는 여인〉도 선전의 입선작으로 뽑히게 되었습니다.

"일 다 했어요."

"수고했어요. 나도 다 그렸소."

복순은 맷돌로 간 밀가루 반죽으로 수제비를 뜨기 시작했습니다.

"여보, 내가 떠 주리다."

수근은 물감 묻은 손을 씻고 부엌으로 들어왔습니다.

당시만 해도 남자가 부엌에 들어가면 큰일 나는 줄 알던 시대였습니다. 그러나 수근은 예외였습니다. 어머니가 편찮으실 때 집안 살림을 도맡아 해 본 그는 살림이 얼마나 힘들고 어려운 일인 줄 잘 알았습니다.

수근은 아내가 해 놓은 반죽을 능숙하게 주물러 얇게 수제비를 떠 끓는 물에 넣었습니다. 마치 기계가 눌러 놓은 것처럼 일정하게 끊어 넣는 솜씨가 한두 번 해 본 게 아니었습니다.

따끈한 수제비로 식사를 마친 뒤 수근은 집을 나섰습니다.

복순은 남편 수근이 평양에 있는 화가들을 만나러 간다는 걸 알고 있었습니다. 그는 그곳에서 비슷한 연배의 화가들과 함께 모여 교류를 하며 활동했습니다.

"어서 오게나. 기다리고 있었어."

벌써 많은 사람들이 약속 장소에 와서 담소를 나누고 있었습니다.

그들은 주말이면 대동강변에서 그림을 그리며 이야기를 나누곤 했습니다. 그들 중 대부분은 일본으로 유학을 다녀온 사람들이었습니다. 평양만 해도 화가가 적었기에 이들끼리 모여 같은 길을 걷는 사람으로서 격려하고 위로해 주는 일은 서로에게 큰 위안이 되었습니다. 스케치도 보여 주고 그림에 대한 의견도 같이 나누니 혼자 그림을 그리는 수근으로서는 더할 나위 없이 좋은 모임이었습니다. 그들은 막걸리 잔을 기울이며 밤늦도록 이야기꽃을 피웠습니다.

비록 적은 월급에 가난한 삶이었지만 수근의 마음에는 항상 훌륭한 화가가 되겠다는 도전 의식이 있었습니다. 수근은 가난이 결코 자신의 길을 막지 못할 거라고 믿었습니다.

수근의 그림은 해를 거듭할수록 안정되어 갔습니다. 또한 안정된 가운데 독특한 개성이 엿보였습니다. 그는 방 안 곳곳에 그림을 걸어 두고는 계속 보았습니다. 그리고 고칠 곳이 보이면 바로 수정을 해 나갔습니다. 수근은 많은 색을 사용해야만 그림이 아름다운 것은 아니라고 생각했습니다. 수근이 쓰는 색은 그저 흰색과 검은색, 그리고 노란색과 약간의 분홍빛 정도였습니다. 물감이 비싸서이기도 하지만 그런 정도의 색이면 얼마든지 자신의 예술 세계를 표현할 수 있다고 여긴 것입니다.

아무도 시도하지 않았던 분야에 대한 도전이 처음에는 무모한 노력이고 가능성 없는 시도로 비쳐졌습니다. 하지만 그는 자신의 예술 세계에 대한 신념이 있었습니다.

　1940년대가 되면서 일본은 대동아 전쟁(당시 일본에서 '태평양 전쟁'을 이르던 말)이라는 미명하에 제2차 세계대전에 참전하였습니다. 조선은 일본의 식민지였기에 그들의 수탈 대상이 되었습니다. 따라서 사람들의 삶은 점점 피폐하고 곤궁해졌습니다.

　"우르릉 쾅!"

1944년 겨울, 평화롭던 평양역 앞 광장에 폭탄이 떨어졌습니다. 미군 비행기가 폭격을 가한 거였습니다. 갑자기 벼락을 맞은 평양 시민들은 모두 충격에 어쩔 줄을 몰랐습니다.

전쟁 막바지에 발악을 하는 일제는 식민지 조선 사람들을 들들 볶았습니다. 강제 노동이 많은 것은 물론이고 구리나 목탄 등의 전쟁 물자를 조달하라고 채근했습니다.

그러던 어느 날, 도청의 모든 일본인 직원들이 풀 죽어 있었습니다.

수근을 도와준 미키시 씨도 넋을 놓고 있었습니다.

"과장님, 어쩐 일입니까?"

"어, 박 군. 거기 좀 앉게."

수근이 의자에 앉자 미키시 씨가 말했습니다.

"우리 일본은 전쟁에서 졌다네. 아마 나도 조선을 떠나 고국으로 돌아가야 할 것이야."

"네?"

수근은 깜짝 놀랐습니다.

"이따 정오에 일본의 항복을 알리는 방송이 나올 거야."

모든 사람들이 정오가 되자 방송에 귀 기울였습니다.

"일본은 대동아 전쟁에서 패배했음을 인정합니다. 그 결과 무조건 항복하며, 전쟁 당시 점령한 모든 영토를 포기하니 해외에 나간 모든 일본인은 귀환하시오."

일본 왕의 항복 선언이 있자 온 거리는 만세의 물결로 가득했습니다.

"만세!"

"해방이다!"

감격적인 해방의 순간이었습니다. 수근도 목이 터져라 만세를 불렀습니다. 온 국민이 밥을 먹지 않아도 배가 부를 지경이었습니다. 거리 곳곳에서 만세 소리가 끊이질 않았습니다.

하지만 그런 해방의 기쁨도 오래가지 않았습니다. 소련군이 북한으로 들어와 점령했기 때문입니다. 상황을 보니 수근은 평양에 머무르다가는 목숨을 부지하기 힘들 것 같았습니다.

무엇보다 공산주의가 기독교를 싫어하기 때문에 독실한 기독교 신자였던 수근은 더 이상 평양에 있기가 힘들었습니다. 마침 가족이 있는 금성의 금성여자중학교에 미술 교사 자리가 나 있었습니다. 미술 교사로 아이들을 가르치며 남는 시간에 그림을 그리면 그런 대로 괜찮을 것 같았습니다.

마침내 그해 11월 수근은 서기 자리를 내놓고 금성으로 돌아갔습니다. 학교에서 아이들에게 미술을 가르치면서 받은 얼마 안 되는 월급으로 그나마 조금 여유가 생겼습니다.

수업이 끝나고 시간이 나면 수근은 십리장림(十里長林)에 나가 그림을 그렸습니다. 숲의 나무들 사이로 터널이 뚫린 그곳은 경치가 아름다워 그림 그리기에 좋았습니다.

그러나 당시의 정치 상황으로 인해 삶은 점점 곽곽해지고 있었습니다. 독실한 기독교 신자였던 수근은 공산주의 정권에서 껄끄러운 눈엣가시 같은 존재일 수밖에 없었습니다. 그들은 수근을 항상 감시하고 지켜보았습니다. 그런데 이때 박수근은 민주당 추천으로 금화군 대의원에 뽑혀 있었습니다.

금성감리교회에서 결혼을 올렸을 때 결혼식을 주례한 한사연 목사는 이들 부부를 좋게 보았습니다. 시골에서 보기 드물게 화가인 남편에 여고를 나온 아내였기 때문입니다.

1950년 봄, 한 목사는 박수근 부부에게 제안을 했습니다.

"자네 부부를 민주당 군 대의원과 면 대의원으로 추천하고 싶네."

"네? 저희 부부를요?"

"그래, 내가 이 지역 민주당 당수 아닌가. 내가 적극 밀어주겠네. 이 금성군에서 자네들 부부만 한 자격 있는 사람도 없지 않나?"

"하지만……."

"무조건 하게. 이 공산주의 정권은 지식인을 싫어하네. 그러니 보호막으로 쓰기 위해서도 대의원이 되는 게 좋아. 그리고 이 일은 조금이나마 경제적으로 도움이 된다네."

그해 봄 금화군 대의원 선거와 금성면 대의원 선거가 있었습니다. 부부는 입후보하여 동시에 당선이 되었습니다.

"지금 남한과의 정세가 아주 심상치 않아요."

한 목사는 금지된 남한 방송을 라디오로 들으며 말해 주었습니다.

"남한은 자유사상이 퍼져서 누구나 마음 놓고 교회를 다닐 수 있는데, 우리는 공산주의니 종교의 자유를 허용하지 않는 것이 문제요."

수근 내외를 포함한 기독교 신자들은 대부분 사상적으로 대한민국 편이었습니다.

북한의 공산 정권이 그것을 모를 리 없었습니다.

"이 불순분자(사상이나 이념이 그 조직 안의 것과 달라서 비판적으로 지적되는 사람)들을 잘 감시해야 해."

공산주의 체제를 지키는 일을 맡은 정치 보위부에서는 박수근 내외를 감시해야 할 대상으로 정해 놓고 늘 미행을 하거나 대화를 엿들었습니다.

하지만 공산주의자들에게 시달려도 수근은 틈만 나면 그림을 그렸습니다. 마치 종교를 대하듯 굳은 신념을 갖고 그림을 그려 나갔습니다.

박수근이 들려주는
창조적 열정의 실천 방법 ④

선택과 집중을 한다

　나는 나만의 스타일을 개발해 그것을 깊이 발전시켜 나갔어. 어떤 일을 하려면 이렇게 선택을 해서 온 힘을 기울여야 해. 이것을 선택과 집중이라고 한단다.

　나는 주로 그림의 소재를 우리 이웃과 주변 대상으로 택했어. 다른 화가들과 달리 우리 곁에서 흔히 볼 수 있는 가족, 이웃, 일상생활의 모습 등을 그림으로 그린 것도 나만의 소재 선택이라고 할 수 있지.

　난 내가 그린 그림을 몇 번이고 다시 보고 다듬으며 수정했어. 누구의 그림도 모방하지 않고, 나만의 방식으로 나의 화풍(그림을 그리는 방식)을 창조해 나갔지.

　당시의 화단에서는 내 그림이 크게 인정받지 못했어. 그 이유는 내 그림이 기존의 화가들이 그린 그림들과는 매우 달랐기 때문이었지. 이전까지는 볼 수 없었던 독특한 개성이 담긴 내 그림을 알아봐 주지 않았어. 하지만 후대에 와서 나의 창조적 열정은 빛을 보게 되었어. 기존의 화가들과 다른 화풍이 나만의 장점이자 업적으로 높이 평가받게 된 거지.

　숨은 능력을 찾아 선택하고, 그것에 집중한다면 내가 바라는 큰 사람이 될 수 있을 거야. '선택'의 갈림길에 놓였을 때, 보다 신중히 생각해서 내가 가장 자신 있는 일, 내가 가장 잘하는 일을 선택하는 게 중요해. 그리고 그 선택을 믿고 집중하는 자세가 필요하단다.

생각하고 실천하기

1. 선택의 순간에 놓인 적이 있나요?

2. 무엇을 선택했다면 그다음에는 어떻게 해야 할까요?

3. 집중하기 위해서는 어떤 마음가짐을 가져야 할까요?

국민 화가 박수근에게 배우는 창조적 열정

전쟁의 고통 속에서

수근은 피난 가는 사람들 대열에 들어가다 뒷산의 방공호에 몸을 숨겼습니다. 일제 때 폭격을 피하려고 파 놓은 곳이어서 거기에 숨으면 아무도 몰랐습니다. 수근은 밤에는 집에 와 잠을 자고 새벽이면 다시 산속으로 들어가는 생활을 시작했습니다.

"키리링키리링!"
온 동네를 울리는 이상한 소리에 아이들은 모두 길가로 달려갔습니다.
"와, 탱크다!"
"엄청나게 크다!"
소련에서 온 탱크들은 연일 계속해서 남쪽으로 내려갔습니다.
신작로에 나가 이 광경을 지켜보는 수근의 마음은 어두웠습니다. 아무래도 정세가 심상치 않았기 때문입니다.
그러던 어느 날, 흉흉한 소문이 돌기 시작했습니다.
"남조선에서 우리를 먼저 침공해서 우리 인민군이 반격을 했대."
"이 사람아, 이미 인민군이 서울을 점령했다네."
"그럼 통일이 되는 건가?"

　사람들은 쉬쉬하면서 소문을 전해 왔습니다. 신문이나 방송의 보도를 보면 그 소문은 사실인 듯했습니다.
　전쟁은 날이 갈수록 치열해졌지만 다행히도 금성에는 아직까지 그 여파가 미치지 않았습니다.
　그러던 어느 날, 금성의 읍사무소에 유엔군 전투기의 폭탄이 떨어졌습니다. 읍사무소는 순식간에 불덩어리가 되고 말았습니다. 그 후로 거의 매일이다시피 비행기가 북한 지역 곳곳에 폭탄을 떨어뜨렸습니다.

"여기 살다간 폭격에 죽겠다."

"암, 어서 피난을 가야지."

사람들은 폭격을 피해 산골로 들어갔습니다. 수근네 가족도 의논을 했습니다.

"여보, 저야 괜찮지만 당신은 아무래도 감시받는 인물이니 피하는 게 좋겠어요. 이러다가 언제 붙잡혀 험한 일을 당할지 몰라요."

복순은 수근에게 피난 갈 것을 권했습니다.

"나도 그렇게 생각하오. 나 하나 목숨이야 아까울 게 없지만 우리 어린것들을 생각하면 일단 살고 봐야 할 것 같소."

수근은 피난 가는 사람들 대열에 묻어가다 뒷산의 방공호에 몸을 숨겼습니다. 일제 때 폭격을 피하려고 파 놓은 곳이어서 거기에 숨으면 아무도 몰랐습니다. 수근은 밤에는 집에 와 잠을 자고 새벽이면 다시 산속으로 들어가는 생활을 시작했습니다.

"문 열어라!"

어느 날 밤 누군가가 대문을 부술 듯이 두들겼습니다. 방공호에서 돌아와 잠을 자던 수근은 황급히 옷을 입었습니다.

"여보, 날 잡으러 온 모양이오."

복순은 뒷문을 열어 수근을 내보낸 뒤 시간을 벌었습니다.

"잠시만요."

"빨리 문 안 열고 뭐 하나?"

"옷을 입어야 할 거 아닙니까?"

"날래날래 열으라우!"

복순은 일부러 꾸물거리며 수근이 멀리 피신하기만 기다렸습니다. 잠시 후 복순이 떨리는 가슴을 진정시키며 문을 열자 따발총을 멘 사람 둘이 들이닥쳤습니다.

"박수근이 어디 있나?"

"남편은 원산으로 피난 가고 아이들하고 저만 있어요."

"거짓말하지 마라. 다 알고 왔어. 남편 내놔라."

그들은 총부리를 복순의 가슴에 들이대며 물었습니다. 그러나 아무리 추궁해도 복순이 진실을 말할 리 없었습니다. 결국 그녀는 남편 대신 내무서에 끌려가 이틀간이나 고문을 당하며 조사를 받고서야 풀려났습니다.

그해 가을, 금성 읍내에 나갔다 온 동네 아주머니가 사람들마다 붙잡고 흥분된 어조로 말했습니다.

"글쎄, 우리 읍에 남쪽 국군이 들어왔어요."

"그게 정말이에요?"

"못된 빨갱이들이 요즘 조용하다 했더니 다 도망간 거예요."

복순은 즉시 산으로 달려가 수근에게 이 사실을 알렸습니다.

"여보, 국군이 빨갱이들을 밀어내고 우리 읍에 왔대요."

"그게 정말이오? 이제 살았소!"

수근은 그간 고생한 아내를 끌어안고 울음을 터뜨렸습니다. 어둡고 습한 방공호 안에서 몇 달을 숨어 지내는 동안 얼마나 두려웠는지 몰랐습니다. 그렇게 오랜 시간 참고 견딘 끝에 마침내 안정을 찾게 된 것입니다.

부부는 울음을 그친 뒤 집으로 내려왔습니다. 그리고 천장에 숨겨 두었던 태극기를 꺼내 들고 읍내로 나갔습니다. 과연 국군 병사들이 늠름하게 행군해 들어오고 있었습니다.

"만세! 만세!"

태극기를 흔들며 감격의 눈물을 흘리는 사람들 사이로 국군 장병들이 씩씩하게 지나갔습니다.

그러나 그들 부부는 슬픈 소식을 듣게 되었습니다. 전쟁 중에 박수근 부부의 후견인이자 부모 같았던 한 목사와 그의 두 아들, 그리고 많은 신자들이 미처 피하지 못해 총살을 당하고 말았던 것입니다.

"으흐흑! 목사님!"

"이를 어쩝니까! 목사님, 조금만 더 버티셨더라면 좋은 세상 만나실 것을……."

공산당의 압박과 탄압에도 굴하지 않고 장렬히 순교한 한 목사를 잃은 슬픔에 박수근 내외는 서러운 울음을 터뜨려야만 했습니다.

험난한 그들의 운명은 이후에도 그렇게 녹록치 않았습니다.

"남쪽으로 밀려간 인민군 패잔병(싸움에 진 군대의 병사 가운데 살아남은 병사)들이 다시 올라왔대요."

"네?"

"지금 패잔병들이 금성읍을 포위하고 있대요."

국군이 북으로 올라갔기에 모든 일이 다 끝난 줄 알았는데 끝이 아니었던 것입니다.

"이제 어떻게 되는 걸까?"

모두 두려워하는 가운데 그날 밤 총소리가 들렸습니다. 다음 날 아침이 되자 정말 인민군이 다시 쳐들어오고 있었습니다.

"안 되겠다. 어서 피난을 가야지."

수근은 더 이상은 북쪽에서 살 수 없겠다고 생각했습니다.

"어서 짐을 싸요."

멀리서 들려오는 총소리가 가족의 발걸음을 재촉했습니다.

"얘들아, 서로 떨어지지 않게 조심해라."

수근네 가족은 먹을 것과 옷가지, 침구 등을 이고 남쪽으로 길을 나섰습니다. 초겨울이라 밤기운은 매우 쌀쌀했습니다. 어두운 산길을 걸어 내려가는 피난민 대열에서 복순은 생각했습니다.

"아무래도 이렇게 온 가족이 움직이다가는 다 죽겠어요."

"그러니 서둘러야 하오."

"당신만이라도 먼저 가세요. 우리는 천천히 따라갈게요."

"그게 무슨 소리요? 나만 먼저 가라니?"

"애들 때문에 걸음이 느려지면 잡힐 거예요. 그러면 나는 부녀자니까 어찌 될지 몰라도 당신은 반드시 빨갱이들 손에 흉한 꼴을 당하고 말 거예요."

"그래도……."

"그게 우리 가족이 그나마 희망을 가질 수 있는 길이에요. 어리석게 같이 살자고 뭉쳐 다니다가는 오히려 다 죽게 돼요."

복순의 간절한 설득에 수근은 차마 떨어지지 않는 발걸음을 옮겼습니다. 그는 뒤돌아보면 마음이 약해질까 봐 저만치 논둑길로 총총히 달렸습니다. 뒤에서 아내와 아이들이 자신의 모습을 보고 있을 걸 알기에 고개를 돌리지도 못했습니다.

복순의 판단은 정확했습니다. 얼마 지나지 않아 나머지 가족은 패잔병을 만나게 되었고 금성 집으로 돌아가야만 했습니다.

가족과 헤어진 수근은 산길을 걸어 서울로 갔습니다. 금성을 떠난 지 일주일 만이었습니다. 산속을 걸어온 흔적으로 옷은 갈기갈기 찢기고 머리는 산발이었습니다.

천신만고 끝에 서울에 왔지만 마땅히 지낼 곳이 있는 것도 아니었습니다. 창신동에 복순의 동생이 살고 있었지만 이 어려운 시절에 가서 신세 지는 것도 도리가 아니라고 생각했습니다.

"차라리 빨갱이들이 쉽게 올 수 없는 남쪽으로 가자."

수근은 그렇게 생각하고 전쟁으로 폐허가 된 서울역으로 나갔습니다. 남쪽으로 가는 기차라면 아무거나 좋았습니다. 수근은 검은 연기를 뿜는 증기기관차의 객차에 몸을 실었습니다. 그 기차는 호남 쪽으로 내려가는 것이었습니다.

"군산항에 일거리가 많다네."

"그게 정말인가?"

"미군 물자들도 들어오고, 건설 자재도 들어온대."

"그럼 거기 가서 일거리를 찾아봐야겠군."

화물칸에서 사내들이 떠드는 소리가 들렸습니다. 수근도 군산으로 가야겠다고 결심했습니다.

1899년에 만들어진 군산항은 일제강점기에 전라도의 풍부한 쌀들을 일본으로 가져가기 위한 항구였습니다. 군산은 금강과 만경강이 시내를 관통해 흐르고 주위에 평야가 있어 인심도 넉넉했습니다.

수근은 군산항 하역장(짐을 싣고 내리는 곳)으로 갔습니다. 그곳에는 전쟁 중인 우리나라를 돕기 위한 각 나라의 원조물자를 실은 배들이 있었습니다. 요즘에야 크레인으로 한꺼번에 많은 짐을 실어 내리지만 당시만 해도 사람이 직접 배의 물건을 짊어지고 내려야 했습니다.

많은 사람들이 개미 떼처럼 배에 올라 포대를 하나씩 지고 내려왔습니다. 한국전쟁 당시에는 이렇게 항구마다 힘들게 일하는 사람들

이 많았습니다. 그리고 그들의 임금은 가난한 한국 경제를 지탱하는 힘이 되었습니다.

"거기 세 사람! 내일부터 아침 일찍 나오쇼."

임시로 하루 일하고 난 뒤 수근은 바로 일자리를 얻을 수 있었습니다. 덩치가 크고 체격이 좋아 일을 잘했기 때문입니다. 허약하거나 나이 든 남자들은 그나마도 이런 일을 얻지 못해 그냥 땅바닥에 앉아 넋을 놓고 있었습니다. 그들의 허탈한 뒷모습은 수근의 뇌리에서 오랫동안 사라지지 않았습니다.

한겨울이지만 남쪽에 위치한 군산은 그리 춥지 않았습니다. 그래도 밤에는 제법 찬바람이 코끝을 에워쌌습니다. 수근은 바람이 숭숭 들어오는 합숙소에서 밤에는 잠을 자고 낮에는 항구에 나가 일을 했습니다.

처음 맡은 일은 미국에서 보내온 밀가루 포대를 배에서 등짐으로 내리는 것이었습니다. 생전 해 보지 않은 일이었지만 그는 이를 악물었습니다. 어깨에 얹은 밀가루 때문에 다리가 휘청거렸습니다. 몇 걸음 걷지 않았는데 땀이 비 오듯 흘렀습니다. 제대로 먹지도 못하고 중노동을 하려니 몸이 말을 듣지 않았습니다.

"괜찮소?"

기차간에서 만났던 사내가 옆에 와 물었습니다.

"네, 곧 익숙해지겠죠."

"아마 며칠은 몸살이 날 거요."

하루 일을 마치고 합숙소로 온 수근은 정말 온몸이 쑤셔 견딜 수가 없었습니다. 줄곧 그림만 그리던 그의 몸이 막노동에 익숙하지 않았던 것입니다.

그러나 목구멍이 포도청이니 수근은 다음 날도 그다음 날도 일을 하러 항구로 나가야만 했습니다.

부두 노동자의 임금이라는 것은 정말 알량했습니다. 세 끼 밥을 먹고 합숙소 비용을 내면 남는 게 없었습니다.

'이건 도저히 할 짓이 아니다.'

수근은 보름 가까이 일을 한 뒤 생각했습니다. 몸만 망가지고, 돈은 벌지 못하는 일이었기 때문입니다. 게다가 가족이 죽었는지 살았는지도 모르는 와중에 혼자 살겠다고 발버둥치는 것도 의미가 없어 보였습니다. 그리고 무엇보다 화가로서 그림을 그리지 못하는 것이 가장 안타까웠습니다.

'서울로 가자. 아내와 아이들이 오더라도 서울로 올 테니까. 거기서 기다리자.'

수근은 염치가 없었지만 처남 집에서 지내며 일거리를 찾아야겠다고 생각했습니다. 수근은 서울로 올라와 창신동 처남 집에 몸을 의탁했습니다.

몸은 편해졌으나 헤어진 아내와 아이들 생각에 마음은 매우 고통스러웠습니다.

"으흐흐흑!"

전쟁 중 가족과 헤어진 사람은 한둘이 아니었지만 수근은 홀로 피난을 왔다는 사실에 죄책감을 느꼈습니다. 당장 할 수 있는 게 하나도 없는 자신이 원망스럽기도 했습니다. 영영 가족을 보지 못한다면 자신도 결코 살 수 없을 거라고 생각했습니다.

그러던 어느 날이었습니다. 수근이 방 안에 누워 하릴없이 시간만 보내며 우울한 마음에 빠져 있을 때였습니다.

"매형, 금성 누님이 살아 오셨어요!"

처남이 반가운 소리로 수근을 불렀습니다. 이게 꿈인가 생시인가 싶었습니다.

"뭐, 뭐라고?"

방문을 박차고 나가 보니 꿈에도 그리던 아내 복순이 초췌한 얼굴로 서 있었습니다.

"여, 여보!"

두 사람은 반갑게 끌어안고 포옹을 했습니다. 마침내 부부는 전쟁터의 총알과 포탄을 뚫고 나와 다시 만나게 되었습니다.

"우리 아이들과 처남들은 다 어떻게 되었소? 왜 당신만 혼자 왔소?"

수근이 숨 가쁘게 물었습니다.

"다 살아서 남쪽으로 넘어와 안양 피난민 수용소에 있어요."

"오, 이렇게 살아서 볼 수 있다니…… 하나님, 감사합니다."

수근은 기쁨의 눈물을 흘렸습니다.

복순은 금성으로 돌아간 뒤 다시 서울로 피난을 와 피난민 수용소에 갇혔던 거였습니다. 그리고 돈을 빌려 창신동의 동생 집에까지 찾아왔던 겁니다.

"여보, 그런데 수용소에서 나오려면 돈이 있어야 해요……."

"아, 이럴 줄 알았으면 돈을 벌어 둘걸. 내가 돈이 있어야 우리 가족들을 다 데려올 텐데……."

안양 수용소의 아이들과 처남들을 데려오려면 돈이 필요하다는 말을 듣고 수근은 원통해했습니다.

다행히도 처남 영일이 돈을 마련해 수용소에서 가족들을 데려왔습니다. 그리하여 수근의 가족은 창신동에서 기쁨의 재회를 할 수 있었습니다.

하지만 그때까지도 전쟁이 한창이었던 서울에서 하루하루 먹고살기란 여간 어려운 일이 아니었습니다. 수근뿐만 아니라 많은 피난민들이 거리를 방황하며 돈 되는 것은 무엇이든지 하려고 애쓰고 있었습니다.

박수근이 들려주는
창조적 열정의 실천 방법 ❺

나를 아끼고 소중히 생각한다

당시에 나는 한국전쟁을 겪으면서 언제 어디서 죽음과 만날지 모르는 두려운 상황에 처했었어. 그래서 공산당원들의 감시를 뚫고 남쪽으로 내려왔지. 위험한 모험이었지만 살아남으려면 그 방법밖에 없다고 생각했어.

삶에 있어서 가장 중요한 원칙은 바로 자기 자신을 아끼고 사랑하며 지켜 내는 거야. 자신의 몸을 지키지 못하면 어떤 승리나 영광도 소용이 없거든. 만일 내가 그때 삶에 대한 의지와 스스로를 지키겠다는 생각이 없었다면 오늘날 위대한 화가로서의 명성은 물거품이 되었을 거야.

나를 지키고 보호하는 것은 매우 중요해. 그렇지만 다른 사람에 대한 배려 없이 나만의 이익을 꾀하는 것은 옳지 않아. 나를 사랑하면서 다른 사람도 사랑할 줄 알아야 해. 우리 주변을 보면 자신의 생명을 소중히 생각하지 않는 사람이 종종 있어. 자살을 하거나 위험한 장난을 하는 사람들이 그 예라고 할 수 있지.

지금 당장 힘들더라도 내가 나를 포기한다면, 훗날 내가 누릴 수 있는 행복과 영광도 함께 포기하는 거야. 시련을 이겨 내고 나 스스로를 아끼고 사랑하는 사람만이 건강한 삶을 살 수 있어. 그리고 건강한 사람만이 성공적인 삶에 더 가까이 다가갈 수 있고.

친구들은 스스로를 얼마나 사랑하니?

생각하고 실천하기

1. 내가 나를 아끼는 방법은 무엇일까요?

2. 나를 소중히 생각하는 마음과 이기적인 마음은 어떻게 다를까요?

3. 나를 소중히 지키는 것이 부모님께도 효도가 되는 이유는 무엇일까요?

국민 화가 **박수근**에게 배우는 **창조적 열정**

이웃을 사랑한 화가

나는 인간의 선함과 진실함을 그려야 한다는, 예술에 대한 대단히 평범한 견해를 가지고 있어. 따라서 내가 그리는 인간상은 단순해. 나는 평범한 할아버지와 할머니 그리고 어린 아이들의 이미지를 그리는 게 좋아.

　　　　　수근은 물감을 사기 위해 혜화동의 화방을 기웃거렸습니다.
　"어서 오십시오."
　군복을 입은 수근이 들어오자 화방 주인이 반갑게 인사했습니다. 수근은 머뭇머뭇 가게 안의 물감이나 붓, 캔버스 등을 살피기도 하고 벽에 걸린 그림들을 보기도 했습니다.
　"이 유화 물감은 얼마인가요?"
　"그건 좀 비싼데요. 미국에서 수입한 거라……."
　"그렇군요. 비싸겠네요."
　수근은 멋쩍은 듯 들었던 물감을 내려놓았습니다. 머뭇거리는 그를 보고 화방 주인이 물었습니다.
　"그림 그리는 분이세요?"

"예, 그렇습니다."

"아, 그러시군요. 요즘은 물자가 귀해서 먹고사는 건 물론이고 이런 그림 그리는 도구도 비쌉니다."

수근의 행색을 보니 비싼 화구를 살 형편이 못 되는 것 같아 주인은 가격을 아예 말하지도 않았습니다.

머뭇거리던 수근이 다시 물었습니다.

"혹시 제 그림을 이곳에 갖다 걸면 안 될까요?"

당시 화방에서는 화가들의 그림을 벽에 걸어 놓고 마음에 들어 하는 사람이 있으면 팔기도 했습니다.

"그럼 어디 한번 가져와 보시지요."

수근은 며칠 뒤에 자신이 그린 그림을 가져왔습니다. 화방 주인은 수근의 그림들이 근래 못 보던 스타일이면서 매우 독특하다고 생각했습니다.

"괜찮네요. 한번 걸어 보겠습니다."

그림을 볼 줄 아는 화방 주인은 한쪽 벽의 팔리지 않는 큰 그림 하나를 치우고 그곳에 수근의 그림을 걸어 주었습니다.

며칠 뒤 수근이 화방에 다시 찾아왔습니다.

"오셨군요."

"네, 지나는 길에요."

화방 주인은 수근의 마음을 짐작했습니다.

"한 번 걸어 놓으면 팔릴 때까지 오래 걸립니다. 잊어버리고 계셔야 합니다."

"아, 그렇군요."

돌아서는 그의 어깨가 쓸쓸해 보여서 화방 주인이 불렀습니다.

"잠시만요, 혹시 초상화도 좀 그리실 수 있습니까? 미군 피엑스(PX, 군부대 기지 내의 매점)에 일거리가 좀 있어서요."

"피엑스요?"

"예, 미군들이 왔다가 고국으로 돌아갈 때 기념으로 초상화를 그려서 가거든요. 그 일자리가 생겨서 혹시 실례가 안 되면 한번 해 보시려나 하고요."

수근의 얼굴이 환하게 피었습니다.

"정말입니까? 가, 감사합니다."

"그럼 제가 소개해 드릴 테니 한번 가 보세요. 한국은행 앞에 있는 미스꼬시(지금의 신세계백화점) 자리에 있습니다. 거기 가셔서 이야기하세요."

화방 주인은 수근에게 소개장을 써 주었습니다.

다음 날 수근은 소개장을 들고 미군 피엑스에 찾아갔습니다. 그곳에는 한국인들이 점포를 빌려 운영하는 초상화부가 있었습니다. 수근은 그날로 한쪽에 자리를 차지하고 앉았습니다. 이미 그곳에는 몇몇 화가들이 자리를 잡고 그림을 그리고 있었습니다. 이야기를 나눠 보니 그들은 대부분 이름 없는 아마추어 화가들이었습니다. 수근은 그들과 달리 선전에 입선한 정식 화가였지만 얕잡아 보거나 으스대

지 않았습니다. 다만 그곳에서 돈을 벌 수 있다는 사실만으로 다행이라 생각했습니다.

'여기에서 돈을 벌어 생활이 좀 안정되면 그때 본격적으로 그림을 그리는 거야.'

전쟁이라는 어려운 시대 상황에서 화가를 비롯한 예술가들의 삶은 남들보다 더 비참하고 어려웠습니다.

수근은 흑인, 백인 가리지 않고 미군 병사들의 얼굴을 초상화로 그려 주었습니다.

"오우, 마음에 들어요."

그들은 대개 마음에 들어 했지만 종종 마음에 들지 않는다는 사람도 있었습니다.

"이게 뭐야! 난 돈 못 내!"

어떤 병사들은 자기 얼굴과 안 닮았다고 돈을 지불하지 않으려 했습니다. 돈을 받지 못하면 그림 그린 종이와 물감이 이만저만 손해가 아닐 수 없었습니다.

"내가 보기엔 닮았는데 뭘 그래요?"

이때 영어를 할 줄 아는 미스 박이라는 아가씨가 나섰습니다. 미스 박은 전쟁이 나기 전에 서울대학교 국어국문학과 1학년을 다니다가 중퇴하고 초상화부에서 일하는 아가씨였습니다. 그녀는 은근히 화가들을 얕잡아 보았습니다.

수근을 제외한 네 명의 화가들은 전쟁 통에 여기저기를 떠돌며 극장 간판을 그리던 사람들이었습니다. 그들은 돈만 생기면 술을 마시고 며칠씩 출근을 안 하기도 했습니다. 그래서 미스 박은 그들을 한심하게 여기고 있었습니다.

그런 미스 박의 냉소적인 태도는 초상화 가게의 영업에도 도움이 되지 않았습니다. 지나가는 미군들을 잡아당기기도 하고 그림을 보라고 끌어오기도 해야 수입이 늘어나는데 미스 박은 오만하게 굴기만 했습니다. 그녀의 태도를 보고 화가들은 불만을 갖기 시작했습니다.

"미스 박! 도대체 왜 그러는 거야?"

"우리도 먹고살게 좀 해 줘. 지나가는 지아이(GI, 미군 병사)를 불러야 그림이라도 그릴 거 아냐. 이거 며칠째 파리만 날리고 있잖아."

화가들이 들고일어나 항의했지만 오직 수근만은 묵묵히 있을 뿐이었습니다.

그러자 미스 박이 눈을 흘기며 대답했습니다.

"사람들을 내가 왜 불러야 돼요? 자기들이 필요하면 오는 거죠."

미스 박은 말을 마치고 고개를 돌려 버렸습니다. 화가들은 구시렁거렸지만 주인이 가게의 운영 책임을 미스 박에게 맡겼기에 어쩔 수 없었습니다.

그러한 그녀를 보며 수근은 생각했습니다. 원래는 미스 박도 쌀쌀맞은 성격이 아니었을 텐데 전쟁이란 엄청난 시련이 사람을 차갑고 냉정하게 만든 거라고 말입니다. 그 당시 여자로서 서울대학교까지

다니던 미스 박의 심정이 어떠할지 그는 대략 짐작할 수 있었습니다. 공부에 대한 욕심이 많았을 텐데 어쩔 수 없이 식구들을 책임져야 하는 신세에 한이 많으리라 생각했습니다. 말은 하지 않았지만 많은 고민과 시름이 있을 것이라는 걸 짐작하고 있었기에 그는 미스 박이 아무리 못되게 굴어도 말없이 지켜보기만 했습니다.

그러나 화가들 사이에서 원성이 점점 더 자자해지고 수입이 계속해서 줄어들자 수근은 자신의 방식대로 미스 박에게 생각을 전달하기로 마음먹었습니다.

"여보, 내 선전 입선 작품집 좀 주시오."

출근하기 전 수근은 아내에게 말했습니다.

"그건 왜요?"

"보여 줄 사람이 있소."

복순은 피난 오면서 소중히 챙겨 왔던 남편의 선전 입선 작품집을 꺼내 주었습니다.

"다녀오리다."

초상화부에 도착해 보니 화가들도 한두 명 와 있고 미스 박도 자리를 지키고 있었습니다. 화집을 들고 나타난 그를 보며 미스 박은 생각했습니다.

'흥, 웃기고 있네. 옆구리에 화집 낀다고 간판쟁이가 화가가 될 줄 아나?'

수근은 미스 박이 자신을 우습게 생각한다고 느꼈습니다. 하지만

그는 내색하지 않고 가까이 다가가 말했습니다.
 "미스 박, 이거 좀 볼래?"
 "무슨 일이세요?"
 "여기 이 그림 보여?"
 미스 박이 고개를 돌려 보니 가난한 시골 아낙이 절구질하는 그림이었습니다.
 "근데 이게 왜요?"
 "이게 내가 그린 그림이야."

수근은 부끄러운 듯 미소를 지으며 말했습니다. 그 말을 들은 미스 박은 순간 깜짝 놀랐습니다. 박수근이 진짜 화가인 줄은 몰랐기 때문입니다.

"왜정(일본이 다스리던 정치) 때 선전에 내가 뽑혔어."

"그, 그러세요?"

미스 박은 더 이상 말을 하지 못했습니다. 그녀는 내심 큰 충격을 받았습니다.

"……."

수근은 말없이 제자리로 돌아갔습니다.

전쟁의 상황에서 당시 사람들은 대부분이 원치 않는 길을 갈 수밖에 없었습니다. 고향을 떠나오기도 하고, 사랑하는 가족을 잃거나 본인이 부상을 당하거나 죽게 되는 불행을 겪었습니다.

하지만 그러한 원치 않는 삶에 불만을 품어도 소용이 없었습니다. 현실은 너무나 강하고 무서워 변화시킬 수 없었습니다. 결국 남는 것은 주어진 현실을 받아들이는 것뿐이었습니다. 그나마 위안으로 삼는 건 다가올 미래에는 자신이 원하는 걸 할 수 있을 거라는 믿음이었습니다. 삶에 대한 희망은 오직 현실을 받아들이고 미래에 대해 준비하는 것뿐이었습니다.

수근도 초상화를 그리며 생계를 꾸려 가는 삶을 원한 건 아니었습니다. 하지만 자신이 가족들을 위해 할 수 있는 일이라고 스스로를 위로하며 견디는 중이었습니다.

'아, 정말 부끄러워. 저분이 열심히 사는 화가인 줄도 모르고 함부로 대했네.'

미스 박은 낯이 붉어져 하루 종일 고개를 들지 못했습니다. 그녀는 하던 공부도 못 하고, 집안을 책임지는 소녀가장이 되어 버린 자신의 신세가 늘 불만이었습니다. 원치 않는 삶을 살아야 한다는 사실을 못 견뎌하고 있던 찰나에, 뛰어난 화가인 수근도 초상화가로 군인들의 얼굴을 그려 주며 살아가는 것을 보자 반성하게 되었습니다.

그 후 미스 박은 수근과 허물없이 지내는 사이가 되었습니다. 훗날 미스 박은 박수근과의 만남을 소재로 한 소설「나목」을 써서 작가가 되었습니다. 미스 박은 바로『그 많던 싱아는 누가 다 먹었을까?』, 『자전거 도둑』등을 쓴 소설가 박완서 선생님입니다.

수근은 초상화를 그리며 생업을 이어가면서도 남는 시간에는 자신만의 작업을 꾸준히 했습니다. 이 무렵 그의 작품〈풍경과 절구〉가 1954년도 제3회 국전(대한민국미술전)에 입선했습니다. 또한 대한무역전에는〈산〉과〈길가에서〉라는 두 작품을 출품했습니다.

수근이 미군 피엑스에서 번 돈은 제법 생활에 도움이 되었습니다. 어느 날 집에 온 그는 말했습니다.

"여보, 이제 피엑스는 그만 나가야겠소."

"예? 왜요?"

복순은 깜짝 놀랐습니다. 남편이 갑자기 돈벌이를 그만둔다고 하니 놀라지 않을 수 없었습니다.

"걱정하지 마시오. 모아 놓은 돈이 있지 않소? 그걸로 일단 집을 한 채 삽시다."

"정말요?"

"집을 사서 본격적으로 그림을 그리겠소."

당시 작가로서 그림만 그리며 먹고산다는 것은 매우 어려운 일이었습니다. 하지만 수근은 자신이 가야 할 길이 먹고살기 위한 초상화를 그리는 것이 아니라 진정 아름다운 예술 작품을 그리는 것임을 알았습니다.

"당신 뜻이 정 그러시다면야 어쩔 수 없지요."

수근은 더 이상 미군 피엑스에 나가지 않았습니다.

그리고 창신동에 열여덟 평짜리 한옥집을 사서 그곳 마루에 화실을 꾸미게 되었습니다. 수근은 아침 열 시경부터 마루에 앉아 그림을 그리기 시작해, 해가 질 무렵에 작업을 마치는 생활을 시작했습니다.

그 당시 반도호텔(지금의 롯데호텔) 안에는 '반도화랑'이라는 작은 화랑이 문을 열었습니다. 수근은 독특한 한국적인 정서를 담은 그림을 그려 반도화랑에 가져다 전시했습니다. 싼 가격에 내다 걸어서인지 종종 팔려 나가 수입이 나쁘지 않았습니다. 미군들이나 그림을 볼 줄 아는 사람들은 한국적인 특색을 가진 그의 그림에 관심을 가졌습니다.

'서양화로 내가 미국 사람들을 따라갈 수는 없어. 서양화지만 한국적인 특색을 가진 작품을 그려야 해. 한국에서만 볼 수 있고 한국적

인 질감이 느껴지는 작품을 그리겠어.'

수근은 늘 고민했습니다. 그는 한국의 토속적인 색인 황토색과 돌로 만든 한국 불상의 투박한 질감을 떠올렸습니다.

'그래, 화면에 돌을 입힌 것처럼 그림을 그리는 거야.'

그렇게 그림을 그리면 화려하진 않지만 두고두고 보아도 싫증나지 않는 그림이 나올 수 있었습니다.

이러한 그의 그림을 본 안목이 있는 미국인들은 감탄했습니다.

"오 뷰티풀! 아름답습니다. 독특해요!"

작은 소품으로 쓸 수 있는 책 한 권 정도 크기의 그림은 제법 잘 팔려 나갔습니다. 그림이 크면 미국으로 가지고 나가는 데 불편했기 때문에 작은 그림들이 인기가 좋았습니다. 한마디로 한국에 왔다 간 기념품인 셈이었습니다.

수근은 열심히만 그리면 이런 작은 그림들로 수입을 얻을 수 있으리라는 자신감이 생겼습니다. 대부분의 화가들이 그림과 상관없는 부업으로 생계를 꾸릴 때 그는 순수한 창작만으로 생활할 수 있다는 신념을 가졌습니다. 그것은 자신의 삶을 헤쳐 나가겠다는 도전 정신이 있었기에 가능했습니다.

그러면서도 수근은 빠짐없이 국전 같은 전람회에 작품을 냈습니다. 정식으로 미술 교육을 받지 못했지만 미술을 제대로 공부한 사람들에게서 인정받겠다는 생각이 늘 가슴속에 있었습니다. 그들이 갖고 있는 아카데미즘(전통적이고 보수적인 예술 경향)의 장벽에 수근은

온몸을 던져 도전했습니다. 1955년 제4회 국전에는 〈오후〉라는 작품도 입선되는 등 수근은 계속해서 대외적으로 인정을 받았습니다.

그의 작품 세계를 높이 산 건 고루한 심사위원들뿐 아니라 동료 작가 가운데 눈이 트인 사람들이었습니다.

"박 형 작품은 참 좋아."

"고맙네."

동료 화가인 박고석은 수근의 그림을 높게 평가했습니다.

"유화라는 건 우리의 그림 재료가 아니잖아. 그런데도 유화로 우리나라의 생활사와 감정을 그려 냈어."

"뭐 내가 그릴 줄 아는 게 있어야지."

"아냐, 서양 미술만 따라해야 하는 줄 아는 우리에게 박 형 그림은 특별한 거야. 이런 그림을 그릴 수 있는 용기와 도전 의식이 정말 멋져."

"나는 인간의 선함과 진실함을 그려야 한다는, 예술에 대한 대단히 평범한 견해를 가지고 있어. 따라서 내가 그리는 인간상은 단순해. 나는 평범한 할아버지와 할머니 그리고 어린아이들의 이미지를 그리는 게 좋아."

이런 그의 예술 세계는 외국인들의 눈에 더욱 특별하게 보였습니다. 반도화랑에서 알게 된 미국인 밀러 부인은 수근에 대해서 좋은 느낌을 갖고 있었습니다.

"오, 미스터 박. 당신 그림은 정말 멋져요. 내 거실에는 당신 그림이 많이 있어요."

그녀는 자신의 집에다가도 여러 개의 그림을 걸어 놓고 감상했을 뿐 아니라 주변 사람들에게도 널리 소개해 주었습니다.

"박수근 씨 작품은 아주 독특해요. 이건 세계에서 하나밖에 없는 작품이에요. 많이들 사 가세요."

그러한 밀러 부인 덕분에 그림이 많이 팔려 수근은 용기를 얻을 수 있었고 작가로서의 생활에 좀 더 희망을 가질 수 있었습니다.

수근은 쉬지 않고 그림 그리는 일에 열정을 쏟았습니다. 칠을 하고 깎아 내고 다시 칠을 하는 그의 작업은 정말 오랜 끈질김을 요구하는 것이었습니다. 그의 그림은 가까이서 보면 무엇을 그린 것인지 전혀 알 수 없고 멀리 떨어져서 봐야 형태를 알아볼 수 있었습니다. 그는 이 같은 자신만의 독특한 기법을 추구했습니다. 한국의 토속적인 바윗돌의 모습에 그림을 새긴 것처럼 그리는 것이 그의 목표였습니다.

수근은 큰마음을 먹고 제6회 국전에 100호 크기의 그림을 그려 출품했습니다. 무려 몇 개월간이나 공을 들인 작품이었습니다. 반드시 특선을 받으리라 생각하고 보냈습니다.

국전에 출품한 후 열심히 그림을 그리고 있던 어느 날이었습니다.

"박수근 씨, 엽서요."

그 엽서는 국전 주최 측에서 온 것이었습니다.

엽서의 내용은 충격적이었습니다.

귀하의 작품이 이번에는 입선되지 못했음을 알려 드리게 되어
유감스럽게 생각합니다.
다음에 좀 더 좋은 작품으로 만나길 기대합니다.

— 국전 심사위원 일동

그 순간 수근은 할 말을 잃었습니다. 그는 자신의 작품이 외면당한 것에 큰 좌절을 맛봐야 했습니다.

복순은 남편이 국전에 꼬박꼬박 그림을 내면서 인정받고 싶어 하는 마음을 잘 알았습니다.

"여보, 내가 비록 그림을 제대로 배우지 못하고 독학했지만, 전문가인 심사위원들에게 인정받으면 그게 큰 낙이 아니겠소."

학교 교육을 제대로 받지 못한 수근은 늘 그것이 마음에 걸렸습니다. 정식 교육은 받지 못했지만 전통 있고 권위 있는 화단에서 상을 받아 실력을 입증하고 싶었습니다. 그것은 수근에게 있어서 또 다른 도전이었습니다.

그런데 고심하고 심혈을 기울여 보낸 100호 크기의 대작이 낙선되고 만 것입니다. 신문에 난 입선자 명단을 보고 또 보며 수근은 자신의 이름이 없다는 사실이 믿어지지 않았습니다.

"으흐흐흑! 내 그림이 왜 낙선이야? 왜? 내가 얼마나 심혈을 기울

인 그림인데…….”

수근은 눈물을 흘리며 신문만 바라봤습니다. 곁에서 지켜보는 아내 복순의 마음도 찢어지는 것 같았습니다. 하지만 그녀는 남편을 위로하기 위해 일부러 심드렁하게 말했습니다.

"그림을 그리다 보면 떨어질 때도 있지 뭘 그러세요? 내년에 더 좋은 작품을 그려서 내시면 되잖아요."

"정말 혼을 다 바쳐 그린 그림인데 왜 인정해 주지 않는 거냔 말이오. 흑…….”

요즘과 달리 당시에는 화랑도 변변치 않고 전시회도 많지 않았습니다. 작품을 낼 기회가 별로 없는 데다 전시해 주는 곳도 없었습니다. 가난한 화가 수근이 자신의 작품을 인정받고 많은 사람에게 보여 줄 수 있는 유일한 길은 국전뿐이었습니다.

국전 심사위원은 대부분 수근의 동년배인 화가들이나 교수들이었습니다. 그들에게서 대접을 받는 건 고사하고 심사를 받아야 하는 처지인 데다 낙선까지 했으니 수근의 자존심은 무너질 대로 무너졌습니다.

그의 그림은 정통파 그림에서는 벗어나 있는 것이었습니다. 주류에서 벗어난 자신만의 스타일을 고집했기에 보수적인 이들에게는 주목받지 못했습니다. 심사위원 중에서도 수근의 그림을 좋게 봐 주는 사람보다는 기초가 없다고 평가하는 사람들이 더 많았습니다.

그렇다고 국전을 무시하고 자기만의 그림을 그릴 수 있을 만큼 한

국의 미술 시장은 크지 않았습니다. 국전에 입선하는 것은 미술가로서의 삶과 자존심에 매우 큰 영향을 주었습니다.

　결국 수근은 그날 술에 많이 취해서 집에 들어와 쓰러지고 말았습니다. 아내인 복순은 남편 수근이 이렇게 술을 먹고 들어와서 정신을 잃을 때마다 건강을 걱정하지 않을 수 없었습니다.

　수근의 그림은 국내의 심사위원들보다 미국의 그림 애호가들 사이에서 더 인기가 있었습니다.

신당동에 살고 있던 미국 대사관 직원 부인인 핸더슨 여사는 자신의 집 거실에 그동안 사 모은 커다란 그림들을 걸어 놓고 전시회를 하곤 했습니다. 특히 그녀는 수근의 그림을 좋아해서 그의 작품을 많이 샀습니다. 그것은 수근에게 경제적으로도, 정신적으로도 큰 힘이 되어 주었습니다.
　핸더슨 부인은 수근의 작품을 이렇게 평가했습니다.

> 박수근 씨는 앉아 있는 남녀의 전통 복장과 자세 속에서 미를 추구하여 그것들을 잘 조화된 장식적 스타일로 배치한다. 한국의 자기를 연상시키는 그의 침착한 백색과 회색의 색조는 조용함을 발하고 넓은 형태들은 힘을 말해 준다. 그는 아마 이 그룹의 서양화가들 중에서 가장 한국적이라 할 수 있을 것이다.

　그렇게 외국인들에게 그림을 팔아 번 돈은 조금이나마 생활에 보탬이 되었습니다. 그 돈으로 수근은 그림 작업에 더 전념할 수 있었습니다.
　수근의 그림을 좋아했던 밀러 부인도 그의 그림들을 받아다 미국에 팔아 주었습니다. 때때로 수근은 밀러 부인에게 그림 대신 물감을 보내 달라고 부탁하기도 하고 그림 애호가들에게 감사의 편지를 보내기도 했습니다.
　그 결과 박수근은 1958년 뉴욕의 월드하우스 갤러리에서 열린 한국현대회화전에 자신의 작품인 〈모자〉, 〈노상〉, 〈풍경〉 등을 전시할 수 있게 되었습니다. 그는 이미 그림을 볼 줄 아는 미국 사람들 사이에서는 높이 평가받고 있었던 것입니다. 수근의 독특한 그림들은 가장 한국적인 것이 세계적인 것이라는 사실을 입증시켜 주었습니다.

박수근이 들려주는 창조적 열정의 실천 방법 ❻

나만이 할 수 있는 전문성을 갖는다

나는 유화라는 서양의 그림 기법으로 우리의 정서를 표현하려 애썼어. 그것은 누구도 흉내 낼 수 없는 나만의 화법이야.

전문성을 갖는 것, 다시 말해 남이 가지지 못한 특별한 것을 지니는 건 정말 중요해. 나만의 특기를 찾아 개발하면 그것은 아무도 따라올 수 없는 나의 고유한 장점이 되는 거야.

특기를 개발하는 건 잘할 수 있는 것을 찾아 열심히 노력하는 것이고, 그러다 보면 그 분야에서 놀라운 능력을 발휘하게 된단다.

사회가 점점 복잡해지고 다양해지면서 과거처럼 평범하게 직장을 다니고 월급을 받는 일이 더 이상 안정적이지 않아. 그리고 똑같이 획일적인 일만 해서는 자신의 가치를 높이고 발전시킬 수 없지.

나만이 할 수 있는 일을 찾고 그것을 열심히 개발해서 누구도 따라올 수 없는 나만의 가치로 만드는 것은 이 시대를 살아가는 어린이들에게 필요한 자세야. 남들이 다 할 수 있는 일이 아닌, 나만이 할 수 있는 전문성은 언제 어디서건 존중받을 수 있기 때문이지.

친구들은 어떤 특기를 가지고 있니? 또한 어떤 분야에서 전문성을 갖고 싶어?

생각하고 실천하기

1. 다른 사람은 못하는, 오직 나만 할 수 있는 일이 있나요? 내가 잘하는 것 중에서 특히 더 잘하는 게 무엇인지 적어 보세요.

2. 내가 잘하는 것을 전문적으로 개발하려면 어떻게 해야 할까요? 또한 전문가가 되기 위해서는 어떤 노력이 필요할까요?

3. 다가올 미래에는 어떤 분야가 촉망받을까요? 나는 그중 어느 분야에서 전문가가 되고 싶나요?

국민 화가 박수근에게 배우는 창조적 열정

창조의 열정

수근의 일상은 단조로웠습니다. 수근은 아침밥을 먹고 나면 마루에서 부지런히 작업을 했습니다. 여러 개의 그림들을 늘어놓고 색을 칠하고 마르길 기다리며 다음 그림의 작업을 이어갔습니다.

칠하고 그 위에 또 덧칠하는 작업이였기에 그림을 그리는 과정에서 완성도는 확인할 수 없었습니다. 오랜 시간을 그려야 간신히 그림의 형태가 나왔습니다. 지치지 않는 끈질긴 열정이 그를 지켜 주었습니다. 벽돌 한 장 한 장으로 만리장성을 쌓듯이 수근은 그림을 그려 나갔습니다.

매일매일 수근은 자신과의 싸움을 이겨 내며 작업에 몰두했습니다. 그는 한 편의 그림에 스토리가 들어가려면 그만큼 많은 노력과 시간이 들어가야 한다고 생각했습니다.

1959년 어느 날, 수근은 밖에 나갔다 돌아오며 들뜬 목소리로 아이들에게 말했습니다.

"애들아, 아빠에게 좋은 소식이 있어."

"무슨 소식이에요?"

"아빠가 드디어 인정을 받게 되었단다. 국전 추천작가가 되었어."

"예? 추천작가요?"

수근의 아이들이 고개를 갸웃거렸습니다.

"그래, 국전 심사위원들이 아빠 작품을 좋은 작품이라고 인정해 준 거야."

아이들은 모처럼 아빠의 환한 얼굴을 보니 즐거웠습니다.

그 무렵 수근의 작품이 서서히 화단에 알려지기 시작하면서 인정해 주는 사람들이 생겼습니다. 추천작가가 되어 그림을 전시하면서 수근은 마침내 자신이 학술적인 정통파 화가들의 틈에 낄 수 있다는 생각을 하게 되었습니다.

수근은 그만의 스타일이 확실해 누구든지 그의 그림을 보면 '박수근의 것'임을 알 수 있었습니다. 작가로서의 예술 세계가 완성되어 가는 중요한 시점이었습니다.

그 후 박수근은 정기적으로 발행되는 여러 잡지에 들어갈 삽화를 그렸습니다. 여인의 얼굴이나 자전거 타는 사람, 나무 아래의 여인, 새 등의 그림을 펜으로 그렸습니다. 그 무렵 간간이 「광업신문」, 「한국전력」 같은 잡지에서 삽화 요청이 들어왔습니다. 그림을 그려

잡지사에 보내면 나중에 잡지가 집으로 배달되어 왔는데, 거기에 실린 그림을 오려 스크랩하는 것이 수근에게는 큰 즐거움이었습니다. 삽화를 그려서 받는 보수도 가난한 집안 살림에 도움이 되었기에 만족스러웠습니다.

그러나 좋은 일이 있으면 항상 나쁜 일이 있는 법이었습니다.

"눈이 이상하게 뿌옇게 보이네?"

어느 날 아침 수근은 갑자기 눈이 침침해진 것을 느꼈습니다. 이상하게 생각한 수근은 그날 오후 병원에 가 진찰을 받았습니다.

"백내장이군요."

"예? 백내장이요?"

"빨리 수술하셔야겠습니다. 안 그러면 실명하게 됩니다."

"수, 수술비는요?"

"제법 들겠는데요."

수근은 우울한 얼굴로 집에 돌아왔습니다. 그림을 그려 간신히 생계를 꾸리는 가난한 형편에 백내장을 수술할 만한 큰돈이 마련될 리 없었기 때문입니다.

결국 수근은 한쪽 눈이 실명하고 마는 지경에 이르렀습니다. 화가에게는 사물을 보는 눈이 생명이나 다름없는데, 한쪽 눈을 잃었다는 것은 수근에게 엄청난 좌절이었습니다.

그러나 수근은 포기하지 않았습니다.

'아직 한쪽 눈이 보이니까 괜찮아, 괜찮아.'

  수근은 실명한 왼쪽 눈을 가리기 위해 두꺼운 뿔테 안경을 썼습니다. 그리고 매일매일 쉬지 않고 그림을 그렸습니다. 그림을 그리는 것만이 그의 삶에서 가장 큰 의미이자 보람이었습니다.

  수근은 국전뿐 아니라 「조선일보」에서 주최한 현대작가초대전이나 일본에서 개최된 국제자유미전에도 작품을 냈습니다. 그의 독특한 작품 세계는 화단에서 많은 주목과 인정을 받았습니다.

  1962년 어느 날, 수근에게 영광스럽고 멋진 일이 생겼습니다.

"애들아, 아빠가 드디어 국전의 심사위원이 됐단다."

"정말이세요?"

"그래. 전에는 추천작가였는데 이제는 내가 좋은 작품을 고르는 심사위원이 된 거야!"

수근은 정말 하늘이라도 날아갈 것 같은 기분이었습니다. 세상으로부터 인정받기 위해 노력하고 고생했던 지난날이 머릿속을 스쳐 갔습니다.

국전 출품작 모집이 마감되고 심사하는 날이 되자 수근은 기대에 부풀어 심사장으로 갔습니다.

"여보, 잘하고 오세요."

"알겠소. 내 흙 속에 묻힌 진주를 찾아내듯 멋진 작품을 많이 뽑고 오리다."

복순은 수근을 배웅하면서 가슴이 뿌듯했습니다. 남편 수근이 다른 사람들로부터 인정을 받는 차원을 넘어서 다른 사람들의 작품을 평가하는 심사위원의 자리에까지 오른 것이 자랑스러웠습니다.

그날 저녁 복순은 수근을 위해 맛있는 된장찌개를 끓여 놓고 기다렸습니다.

그러나 생각과 달리 수근은 어두운 얼굴로 돌아왔습니다.

"아니, 여보. 얼굴이 왜 그러세요? 오늘 뭐 안 좋은 일이라도 있었어요?"

"아니오."

수근은 옷을 벗어 걸고 방 안에 앉아 한숨을 푹 내쉬었습니다.

"말씀을 해 보세요. 무슨 일인지……."

"여보, 다시는 국전의 작품들을 심사하지 않겠소. 두 번 다시는 하고 싶지 않소."

"아니, 그게 무슨 말씀이세요?"

"진작 알았으면 절대 안 하는 건데……."

혼자서 꿋꿋하게 자신의 세계를 지키며 그림만 그리던 수근은 심사장에 가서 새로운 사실을 알았습니다. 수근이 다른 작품들보다 잘 그렸다고 뽑아낸 그림들은 이상하게 다른 심사위원들에게 인정을 받지 못했습니다. 수근이 좋다고 이야기한 그림들은 예외 없이 멀리 치워졌습니다.

"아니, 이렇게 좋은 그림들을 왜……."

"아하, 바꿔요, 바꿔. 딴 그림 봅시다."

몇몇 심사위원들은 이미 짜 놓은 대로 자신들이 찍어 놓은 그림들을 뽑기 바빴습니다.

그것을 보고 수근은 생각했습니다.

'아, 국전 심사라는 것이 이런 것이었구나. 이런 걸 내가 몰랐구나. 그동안 내가 출품한 많은 그림들이 왜 떨어졌는지 이제야 알겠다.'

수근은 그 뒤로 다시는 국전 심사위원으로 나가지 않았습니다. 가장 순수하고 깨끗해야 할 예술 작품을 심사하는 자리가 아는 사람이

라고 뽑아 주고 제자라고 뽑아 주는 그러한 풍토에 젖어 있는 데 너무나 실망했기 때문입니다.

그러한 정신적 충격 속에서 그의 건강도 계속 나빠졌습니다. 이미 한쪽 눈이 실명한 데다 술을 많이 마시고 불규칙한 생활을 한 탓에 신장과 간도 좋지 않았습니다.

어느 날 시내에서 돌아오던 수근은 갑자기 배가 쥐어짜듯이 아파 쓰러지고 말았습니다.

"아으윽! 아윽!"

"이거 보세요? 왜 그러세요?"

"아윽, 죽겠습니다."

그는 사람들의 부축을 받아 겨우 가까운 약국으로 갔습니다.

"늘 배가 아프긴 했는데 오늘따라 도저히 걷질 못하겠어요."

약사는 수근의 얘길 듣고 급하게 약을 조제해 그의 입에 넣어 주었습니다. 약을 먹고 잠시 쉬자 복통이 가라앉았습니다.

"술 좀 줄이시고 건강을 돌보셔야겠어요."

수근은 그때까지만 해도 자신에게 가벼운 위장병이 있는 줄로 알았습니다.

그러나 그날 이후 병원에 가서 받은 검사 결과는 충격적이었습니다. 신장염과 간염이 돌이킬 수 없게 심각했던 것입니다.

"왜 이 지경이 되도록 병원에 안 왔습니까? 일단 약을 처방해 드릴 테니 꼭 챙겨 드세요."

약을 받아서 집에 왔지만 수근의 몸은 좀처럼 회복되지 않았습니다. 술을 계속 마셨기 때문입니다.

"여보, 제발 술 좀 그만 드세요. 간염을 앓으시는 분이 이렇게 술을 드시면 어떡해요?"

술에 취해서 비틀거리며 들어온 수근을 보고 가족들과 아내가 만

류했습니다. 하지만 수근이 말했습니다.

"여보, 술까지 마시지 않으면 미칠 것 같아."

수근의 가슴속에는 울화가 치밀고 있었습니다. 화단의 주류로서 정식으로 자리 잡지 못하고 소외된 예술가로서의 길을 가고 있는 외로움과 고통을 술로 달랬습니다. 결국 수근은 심각한 간경화로 인해 그림을 그릴 수 없게 되었고 누워서 지내야만 했습니다.

수근은 병원에서도 더 이상 손쓸 수 없는 지경이 되어 죽음을 맞을 수밖에 없게 되었습니다.

"여보, 남들에게 알리지 않았지요?"

수근은 아내에게 물었습니다.

"네, 아무도 몰라요."

"그래요. 다들 형편이 어려운데 내가 아프다고 하면 부담을 갖게 될 테니 알리면 안 되오."

수근은 자신이 입원한 사실이 알려지면 가난한 동료들이 문병을 온다고 어려운 형편에 돈을 쓸까 걱정되었습니다. 그래서 극구 자신의 상태를 알리지 말라고 당부했습니다.

1965년 5월의 밤, 창밖으로는 훈훈한 봄바람이 불어오는 좋은 계절이었습니다. 나무들이 온통 싱그러운 잎사귀를 드러내던 5월 6일 새벽, 복순이 황급히 큰딸 인숙을 깨웠습니다.

"아이고, 인숙아! 인숙아! 이리 건너와 봐라."

곤히 자던 인숙은 깜짝 놀라 안방으로 건너갔습니다.

"네 아버지 좀 만져 봐라. 몸이 싸늘하다, 애!"

의식을 잃은 수근의 몸을 부여안고 복순은 소리 내어 울었습니다. 인숙이 만져 보니 정말 몸이 식어 가고 있었습니다.

"어머니, 비켜 보세요."

인숙은 다리미를 가열시켰습니다. 미지근할 정도로 다리미를 데워 수근의 싸늘한 몸을 문질러 주었습니다. 그게 마사지가 되었는지 한참 만에 수근은 한숨을 내쉬며 눈을 떴습니다.

복순은 반색을 하며 수근을 불렀습니다.

"여보, 당신이 돌아가시는 줄 알았어요."

힘없는 목소리로 수근이 말했습니다.

"걱정들 하지 마. 내가 죽긴 왜 죽어? 날씨가 추워서 그렇지."

그제야 수근의 아내와 딸은 한숨을 내쉬었습니다.

"이제 죽을 고비는 넘기신 모양이다."

"네. 어머니."

그때였습니다. 편안해 보이던 수근의 얼굴이 갑자기 일그러졌습니다.

"처, 천당이 가까운 줄 알았는데 멀어, 멀어……."

이 말을 마지막으로 수근은 마침내 숨을 거두었습니다.

"아버지!"

"여보!"

이미 돌아오지 않는 그의 몸을 부여안고 수근의 가족은 하염없이 울었습니다. 그의 나이 51세였습니다.

생전에 한 번도 제대로 된 화실을 가져 보지 못하고 조촐한 집 마루에서 그림을 그렸던 가난한 화가, 생전에 제대로 된 근사한 개인전 한번 열어 보기는커녕 작품 값조차 제대로 받아 보지 못했던 안타까운 화가 박수근의 삶이 마침표를 찍는 순간이었습니다.

하지만 수근은 비록 살아서는 힘든 삶을 살았지만, 죽어서는 어느 누구 못지않게 위대한 인물로서 평가받고 있습니다. 수근은 살아 있을 때보다 죽어서 이름을 남긴 예술가로, 현재 그의 삶과 작품은 모든 이들로부터 찬사를 받고 있습니다.

수근이 고집한 독특한 그림 양식과 순수한 예술혼은 오늘날 엄청난 가치를 지니고 있습니다. 그가 남긴 작품에는 어마어마한 가격이 매겨지고 있습니다. 뒤늦게 사람들이 그의 예술성을 인정하게 되었기 때문입니다.

미국으로 나갔던 박수근의 작품들은 다시 한국으로 돌아와 비싼 가격에 팔려 나가고 그의 그림에 대한 회고전도 꾸준히 이어지고 있습니다.

누구도 모방하지 않고 자신의 길을 의심하지 않았던 화가 박수근, 예술로 순수한 감동을 끌어내며 가장 한국적인 것이 세계적인 것이라는 말을 증명한 예술가 박수근, 이 세상의 불의와 손잡지 않은 그의 위대한 자기완성은 지금도 계속되고 있습니다.

박수근이 들려주는
창조적 열정의 실천 방법 ⑦

양심과 신념을 지킨다

난 평생을 화가로 살면서 부정한 방법을 쓰거나 욕심을 내지 않았어. 다만 화가로서 화단에서 인정받고 싶은 마음은 있었지. 나는 다른 화가들과 달리 학벌이 변변치 않았고 정식으로 그림 교육을 받아 보지 못했기 때문에 독학으로 이룬 내 작품 세계를 인정받고 싶었어. 그래서 그토록 원했던 국전의 추천작가가 되고 심사위원이 되었을 때 세상을 다 얻은 것처럼 기뻤었지.

하지만 막상 국전의 심사위원 자격으로 심사에 참여하게 되었을 때 내가 받은 충격은 이루 말할 수 없었어. 기대가 컸던 만큼 실망도 컸지. 그 당시 내가 그토록 우러러 봤던 국전은 공정하지 못했어.

만일 내가 그때 불의와 손잡고 나와 친한 사람의 그림을 뽑아 주었다면 어땠을까? 내 양심에도 가책이 되었겠지만, 우리나라 미술계가 비리로 얼룩지는 데 내가 한몫하게 되었겠지. 그럼 오늘날 여러 사람들의 존경을 받는 화가 박수근은 없었을 거야.

난 화가로서, 예술가로서, 그리고 인간으로서 양심을 지키며 살았어. 그러한 마음가짐이 바로 오늘의 박수근을 있게 한 거야.

불의와 타협하지 않는 것. 그건 바로 창조적 열정을 빛내 주는 또 하나의 덕목이란다.

생각하고 실천하기

1. 여러분은 목적을 이루기 위해 비겁한 방법을 써 본 적이 있었나요?

2. 창조적 열정을 갖고 꿈에 다가가기 위해 우리가 지녀야 할 자세는 무엇일까요?

3. 국민 화가 박수근이 말하는 창조적 열정이란 무엇일까요?

박수근 연보

나무처럼 살다간 우리의 화가

1914	2월 21일 강원도 양구군 양구면 정림리에서 박형지와 윤복주의 삼대 독자로 태어남.
1921 (7세)	양구공립보통학교에 입학함.
1926 (12세)	프랑스 화가 밀레의 〈만종〉을 원색 도판으로 처음 보고 깊은 감동을 받음.
1927 (13세)	양구공립보통학교를 졸업함. 집안이 빈곤하여 중학교 진학을 못 하고 독학을 결심함.
1932 (18세)	선전(조선미술전람회) 서양화부에 수채화 〈봄이 오다〉를 출품하여 입선함.
1935 (21세)	어머니가 세상을 떠남. 수근은 홀로 춘천에 가서 빈곤한 생활을 하며 그림에 정진함.
1936 (22세)	제15회 선전에 〈일하는 여인〉이라는 수채화를 출품하여 두 번째로 입선함.
1937 (23세)	제16회 선전에 수채화 〈봄〉이 세 번째로 입선함.
1938 (24세)	제17회 선전에서 어렵게 구입한 유채로 처음 그린 〈농가의 여인〉이 입선함.
1939 (25세)	제18회 선전에 유채로 그린 〈여일(麗日)〉이 입선함. 제11회 전람회 때 입선했던 수채화 〈봄이 오다〉를 유화로 다시 그린 것으로, 그의 유화 독학 과정을 보여 줌.

1940 (26세)	2월 10일, 김복순과 결혼함. 5월 평안남도 도청 사회과의 서기로 취직함.
1941 (27세)	제20회 선전에 〈맷돌질하는 여인〉이 입선함. 이 해에 태평양 전쟁이 일어남.
1942 (28세)	제21회 선전에서 사랑스런 첫아들을 안은 아내를 모델로 그린 〈모자(母子)〉가 입선함.
1943 (29세)	제22회 선전에서 역시 아내를 모델로 하여 그린 〈실을 뽑는 여인〉이 입선함.
1945 (31세)	8·15 해방 후 평안남도 도청 서기직을 그만두고 금성중학교 미술 교사로 부임하여 교직 생활을 하게 됨. 독실한 기독교 신자이며 자유사상을 지니고 있어 공산 체제의 감시를 받음.
1950 (36세)	6·25 전쟁이 일어나 홀로 남쪽으로 내려옴.
1951 (37세)	군산항에서 일하며 그림을 다시 그리기 시작함.
1952 (38세)	10월, 식구들과 극적으로 상봉함. 생계를 꾸리기 위해 화가 이상우가 운영하던 혜화동 화방의 주선으로 싼값으로라도 그림을 팔려고 다님.
1953 (39세)	미군 피엑스에서 초상화를 그렸으며, 여기서 모은 돈으로 창신동에 조그마한 판잣집을 마련하고, 작은 마루를 제작 공간으로 삼아 창작에 열중함. 제2회 국전(대한민국미술전) 서양화부에 남한에서의 첫 출품작인 〈집〉이 특선으로 선정되었으며, 〈노상에서〉가 입선함.
1954 (40세)	제3회 국전에서 〈풍경〉, 〈절구〉가 입선함. 6·25 발발 4주년 기념 대한미협전에 회원으로 〈산〉, 〈길가에서〉를 출품함. 초상화 제작을 그만두고 자신의 작품 창작에만 전념하면서 극심한 생활고를 이겨 나감.

1955 (41세)	제4회 국전에서 〈오후〉가 입선함. 제7회 대한미협전에 〈두 여인〉(국회문공위원장상 수상), 〈노상〉, 〈풍경〉을 출품함.
1956 (42세)	제5회 국전에서 〈나무〉가 입선함. 제8회 대한미협전에 〈노상〉, 〈풍경〉을 출품함. 외국인 미술 애호가들에게 가장 한국적인 소재와 정감을 가진 특이한 조형수법의 화가로 평가되어 반도화랑에서 소품이 적지 않게 팔리게 됨.
1957 (43세)	제6회 국전을 위해 100호 크기의 대작 〈세 여인〉을 제작하여 출품하였으나 낙선되자 충격을 받음.
1958 (44세)	〈노변의 행상〉이 샌프란시스코에서 열린 유네스코 미국위원회 기획의 동서미술전에 출품됨. 뉴욕의 월드하우스갤러리에서 개최된 한국현대회화전에 〈모자(母子)〉, 〈노상〉, 〈풍경〉을 출품함.
1959 (45세)	국전 운영 부서로부터 추천작가 결정을 통고받고 이 해의 제8회 국전에 〈한일(閑日)〉과 〈좌녀(坐女)〉를 출품함. 조선일보사 주최 제3회 현대작가 초대미전에 〈봄〉, 〈휴녀(休女)〉, 〈노인과 유동(遊童)〉을 출품함.
1960 (46세)	제9회 국전에 추천작가로 〈노상의 소녀들〉을 출품함.
1961 (47세)	제10회 국전에 추천작가로 〈노인〉을 출품함. 일본 동경에서 개최된 국제자유미술전에 〈나무〉를 출품함.
1962 (48세)	제11회 국전 서양화부 심사위원으로 위촉되고, 〈소와 유동(遊童)〉(호암미술관 소장)을 출품함. 오산에 있던 주한미공군사령부(USAFK) 도서관에서 박수근 특별초대전이 마련됨.

1963 (49세)   제12회 국전에 추천작가로 〈악(樂)〉을 출품함.
　　　　　　　백내장 때문에 왼쪽 눈을 실명하여 오른쪽 눈만으로
　　　　　　　그림을 그리게 됨.

1964 (50세)   지병이던 간이 갈수록 더 나빠지면서 심하게 고통받음.
　　　　　　　가을의 제13회 국전에 추천작가로
　　　　　　　〈할아버지와 손자〉(국립현대미술관 소장)를 출품함.

1965 (51세)   간경화와 응혈증이 크게 악화되어 5월 6일 새벽 1시에 생애를 마침.

박수근 마을

강원도 양구군에 위치한 박수근 마을

1 박수근미술관 내부 전시실
2 3 박수근미술관 전경
4 박수근이 양구공립보통학교 시절 자주 그렸던 나무(현재 양구군 교육청 안에 있음)
5 박수근과 그의 아내 김복순의 묘
6 박수근미술관 안에 있는 박수근 동상

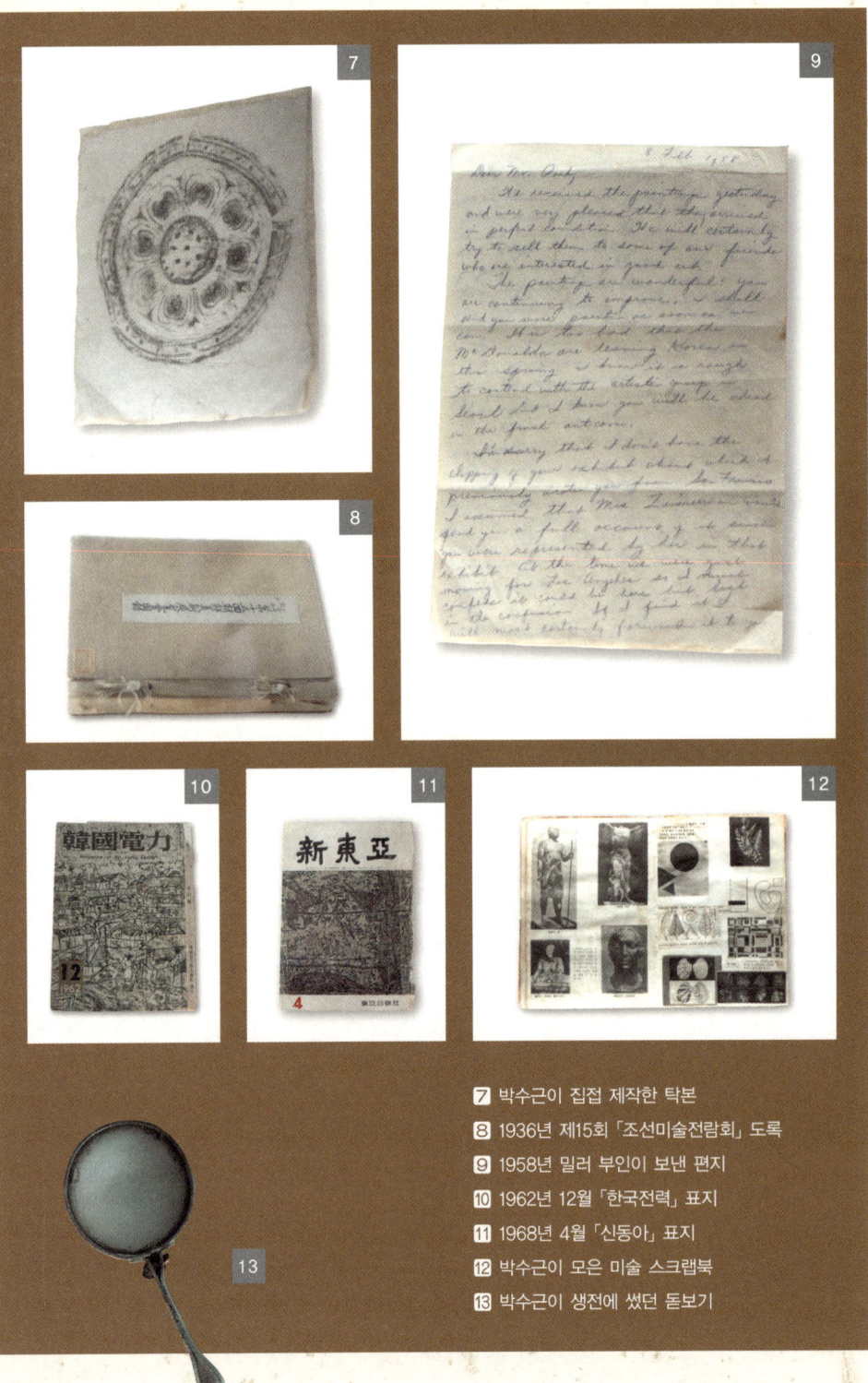

7 박수근이 집접 제작한 탁본
8 1936년 제15회 「조선미술전람회」 도록
9 1958년 밀러 부인이 보낸 편지
10 1962년 12월 「한국전력」 표지
11 1968년 4월 「신동아」 표지
12 박수근이 모은 미술 스크랩북
13 박수근이 생전에 썼던 돋보기